班级活动管理丛书

主题班会活动设计
心理健康卷

BANJI HUODONG
GUANLI CONGSHU

本书编写组 ◎ 编

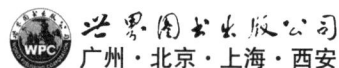

世界图书出版公司
广州·北京·上海·西安

图书在版编目（CIP）数据

主题班会活动设计. 心理健康卷/《主题班会活动设计》编写组著. —广州：世界图书出版广东有限公司，2011.3（2024.2重印）

ISBN 978-7-5100-3342-1

Ⅰ. ①主… Ⅱ. ①主… Ⅲ. ①班会-中小学②心理健康-中小学-教学参考资料 Ⅳ. ①G635.5

中国版本图书馆CIP数据核字（2011）第036064号

书　　名	主题班会活动设计·心理健康卷 ZHU TI BAN HUI HUO DONG SHE JI XIN LI JIAN KANG JUAN	
编　　者	《主题班会活动设计·心理健康卷》编写组	
责任编辑	李欣鞠　冯彦庄	
装帧设计	三棵树设计工作组	
出版发行	世界图书出版有限公司　世界图书出版广东有限公司	
地　　址	广州市海珠区新港西路大江冲25号	
邮　　编	510300	
电　　话	020-84452179	
网　　址	http://www.gdst.com.cn	
邮　　箱	wpc_gdst@163.com	
经　　销	新华书店	
印　　刷	唐山富达印务有限公司	
开　　本	787mm×1092mm　1/16	
印　　张	13	
字　　数	160 千字	
版　　次	2011年3月第1版　2024年2月第3次印刷	
国际书号	ISBN 978-7-5100-3342-1	
定　　价	59.80 元	

版权所有　翻印必究

（如有印装错误，请与出版社联系）

"班级活动管理"丛书编委会

主　编

王利群　　解放军装甲兵工程学院心理学教授
周作宇　　北京师范大学教授、教育学部部长

编　委

马世晔　　中华人民共和国教育部考试中心
李功毅　　《中国教育报》副总编
王增昌　　《中国教育报》高级编辑
殷小川　　首都体育学院心理教研室教授
张彦杰　　北京市教育考试院
魏　红　　北京师范大学教务处
刘永明　　北京师范大学继续教育与教师培训学院 副研究员
刘艳茹　　北京市顺义区教育研究考试中心，中学高级教师
刘维良　　北京教育学院教育学教授
杨树山　　中国教师研修网执行总编
肖海雁　　山西大同大学心理系主任，教授
张兴成　　西南大学（原西南师范大学）副教授
南秀全　　湖北黄冈特级教师
于　始　　北京光辉书苑教育中心研究员

序　言

　　班级是学校为实现一定的教育的目的，将年龄相同、文化程度大体相同的学生按一定的人数规模建立起来的教育组织。班级不仅是学生接受知识教育的资源、也是学生社会化的资源、学生进行自我教育的资源。整个学校教育功能的发挥主要是在班级活动中实现的，一个班级的集体意识主要是在班级活动中形成的，每位学生自身的潜能同时也可以借助各种各样的班级活动得到挖掘与施展。

　　班级管理是一种有目的、有计划、有步骤的社会活动，这一活动的根本目的是实现当代教育目标，使学生个体得到充分、全面的发展。它需要广大教师朋友们根据一定的目的要求，采用一定的手段措施，带领全班学生，对班级中的各种资源进行计划、组织、协调、控制。班级活动状况直接关系到学生的学习效果，间接影响到学生的生活情趣，同时它对评估教师的教学质量也有一定的影响。

　　班级管理是一个相互协作、彼此互动的过程，也是一个动态发展、不断创新的过程。因此，只有参与班级活动的各个成员积极拿出激情，教师的管理、班干部的协助与班级各成员主动配合，管理者与被管理者大胆尝试、开拓创新，班级活动才能顺利地开展，班级管理才能有效地实施。因此，如何搞好班级管理，开展什么样的班级活动，应该是值得每一位学校、每一位老师，尤其是班主任老师们仔细考虑的。

　　本套丛书以促进学生各项潜能全面、协调发展，促进教师的教学事业的开展为基本出发点，采用基本理论与具体案例相结合的编写形式，分板块、有层次地对班级活动管理进行了归纳与探讨。我们参考了广大教育工作者在班级活动管理中的经验，引述了与此相关的成体系的、并得到教育界普遍认可的理论，借鉴了各地区、各学校成功开展班级活动的优秀案例，理论与实践相结合，抽象与具体相结合，以期为教师朋友们提供一套班级活动行动指南，并在此基础上帮助教师朋友们做好教学工作、搞好班级管理。

其中，《班级活动与班级体教育》阐明了班级管理的专业地位，对班级的教育问题进行了探究；《班级活动的设计与实施》从宏观上介绍了种类繁多、形式各异的班级活动；《如何创造性地开展班级活动》探讨了在新的时代形势、新的教育背景下开展班级活动的创新之途；《优秀班集体的建设与维护》从微观上提出了积极建设优秀班集体，努力维护和谐班集体的观点与建议；《班级活动游戏宝典》专门性地对多种班级游戏做了归纳与分类，针对性地提出了关于班级游戏的参考意见；《主题班会活动设计》五卷则对班会这一最普通、最常见的班级活动进行了细致的划分与专题性探讨，在形式上统一采用"班会目的＋班会准备＋班会过程"的基本编写模式，异中趋同，同中有异。

这套丛书将有助于教师朋友们拓展视野、打开思路，但班级活动管理是否能落到实处，实施中能否得到理想的效果，还是要通过实践的尝试与检验的。诚然，在具体的实施过程中，不可避免还会出现意料之外的种种困难，这就需要我们的教师朋友们具体问题具体分析，在参照我们的理论建议与案例参考的同时，立足自己的实际情况，因时而异做出适当调整。

总而言之，班级活动管理是一项长期的、有意义的任务，在大力提倡素质教育的今天，它又是时代对新课程教育提出的新要求、新考验。虽然在实施的过程中会遇到接踵而至的困难，但我们相信，只要学校加强重视，教师不辍尝试，孩子们终会得到一次又一次有意义的班级活动的，这些未来的建设者们也会在这一次又一次的参与中锻炼能力、收获新知的。

前进路上，我们与你携手并进！

前　　言

　　青少年是国家和民族的希望和未来。青少年时期是人的心理与生理成长发展并逐步走向成熟的重要时期，也是人的一生中心理充满危机的时期。一些不良行为、习惯和性格的养成，一些精神疾病的发生，往往都是由于在这一时期心理不健康造成的。近年来，随着我国各种社会矛盾增多，竞争压力加大，人口和家庭结构变化明显，青少年的心理问题也明显增加。有关调查研究结果表明，我国约13%的小学生、15%的中学生、19%的高中生和23%的大学生有各种各样的心理障碍或心理疾病，10%～30%的青少年存在着心理问题。我国15～35岁人群中，自杀行为已成为首位死因。青少年犯罪率也不断上升。

　　因此，加强青少年的心理健康教育已成当务之急。这既是青少年身心发展特点的需要，又是保证青少年正常学习和健康发展的需要，也是社会经济和谐稳定蓬勃发展的需要。心理健康是青少年走向现代化，走向世界，走向未来，建功立业的重要条件，加强青少年的心理健康教育，使其心理处于健康状态，是其正常地生活，正常地发展的前提和保证。此外，心理健康教育还能促进学生的道德教育，有利于学生形成良好的品德。

　　近年来，教育、心理学界越来越明确地意识到，个体的心理素质对其成功、成才有着非常重要的影响，其影响作用之大甚至超越智力的因素。因此，青少年心理素质的培养是素质教育的一个核心问题，我们只有及时地对青少年开展心理健康教育，解决他们的心理问题，才能从本质上促进学生的发展。学校的心理健康教育重在预防教育和提高学生心理素质，课堂是进行团体辅导和咨询的主要渠道。要创造条件，积极鼓励学校采取多种形式开设心理健康教育活动课（或辅导课），把它列入教育教学的目标和计划中，将心理辅导向学科教学渗透。创新心理辅导课程的教学方式，激发学生的参与热情。丰富心理课程教学内容，帮助学生解决所遇到的心理问题，提高学生抗挫折能力和自我心理调节能力。

学校应把心理健康教育当作一项重要的教育任务来抓。心理健康教育应系列化、制度化、常态化。大力开展丰富多彩的心理健康教育活动，寓心理教育于活动中，可通过主题班会、演讲、手抄报、宣传栏、校内广播、闭路电视、心理咨询、心理辅导专题讲座等形式，向学生普及心理卫生知识；还可通过文艺、体育活动，郊游、社会实践活动等形式，调节学生紧张的情绪，陶冶学生情操，增强自信，形成独立、主动、果敢、自觉、乐观、豁达、富于责任心和首创精神等良好的性格，促进学生身心健康。同时，有关部门要多组织开展面向青少年学生的展览会、游园会、读书会和各种文体赛事，增加活动的参与面和受众度。积极创造条件建设青少年社会实践基地，为青少年的健康成长提供动手实践的大舞台。

本书主要着眼于提供一些关于青少年心理健康教育的主题班会设计案例，供老师和学生在开展班会教育活动时参考和借鉴，以期达到抛砖引玉的效果。

目 录

一、生命篇 /1

"热爱生命"主题班会 ………………………………… 2
"生命,生命"主题班会 ………………………………… 5
"珍爱生命"主题班会 ………………………………… 9
"珍爱生命,远离毒品"主题班会 …………………… 13
"预防艾滋病健康教育"主题班会 …………………… 18

二、自信篇 /24

"认识自我,培养自信"主题班会 …………………… 25
"扬起自信的风帆"主题班会 ………………………… 28
"让自信导航"主题班会 ……………………………… 32
"自信伴我成长"主题班会 …………………………… 35

三、挫折篇 /40

"正视挫折"主题班会 ………………………………… 41
"跌倒了,爬起来"主题班会 ………………………… 44
"考试失败的心态调整"主题班会 …………………… 47

"如何面对挫折"主题班会 …………………………………… 50

四、成功篇 /53

"生命因拼搏而精彩"主题班会 …………………………………… 54
"目标——引我成功"主题班会 …………………………………… 58
"坚持——成功就在你我眼前"主题班会 ………………………… 62
"我能行"主题班会 ………………………………………………… 64

五、情绪篇 /71

"你快乐吗"主题班会 ……………………………………………… 72
"如何面对压力"主题班会 ………………………………………… 78
"分析自我,调整自我"主题班会 ………………………………… 84
"凤凰涅槃——如何解决厌学问题"主题班会 ………… 87

六、人际篇 /93

"受欢迎的人"主题班会 …………………………………………… 94
"我打扰别人了吗?"主题班会 …………………………………… 97
"做有教养的中学生"主题班会 …………………………………… 103
"学会宽容,善待他人"主题班会 ………………………………… 106
"沟通让你我更亲近"主题班会 …………………………………… 111
"理解父母"主题班会 ……………………………………………… 113
"师生面对面"主题班会 …………………………………………… 118
"中学生的友谊与爱情"主题班会 ………………………………… 123

七、社会篇 /126

"愿用爱心温暖世界"主题班会 …………………………… 127
"帮助他人,快乐成长"主题班会 …………………………… 135
"遵守行为规范,完善自我形象"主题班会 ………………… 140
"文明礼仪伴我行"主题班会 ………………………………… 144
"做人第一,学问第二"主题班会 …………………………… 147
"解读幸福,爱校爱家"主题班会 …………………………… 152
"学做于社会有用之人"主题班会 …………………………… 158
"做一个有责任心的人"主题班会 …………………………… 161

八、网络篇 /167

"走进网络"主题班会 ………………………………………… 168
"网络让我欢喜让我忧"主题班会 …………………………… 171
"中学生上网利大还是弊大"主题班会 ……………………… 173
"网瘾的危害心理"主题班会 ………………………………… 192

一、生命篇

关注生命、热爱生命,这是人类永恒的话题。生命,对每个人只有一次,不能重来,无法补救。因此,我们每个人都要学会珍惜生命、热爱生命和尊重生命。"热爱生命"的含义是多种多样的,它可以是一种执着,执着于理想、信念和事业;也可以是一种挑战,挑战困难、挑战自我。通过"生命"为主题的班会,让每一位同学积极参与,认识到在成长的道路上,难免有磕磕绊绊,甚至是布满荆棘坎坷。我们要增强应对挫折的勇气,培养笑对困难、挑战人生的乐观精神面貌。不抛弃,不放弃,让有限的生命发挥无限的价值,让生活充满光彩与活力。

热爱生命,关注的不仅仅是自己,更要学会尊重一切的生命。通过"尊重一切生命"这样的班会活动,可以让学生放宽眼界,怀着悲悯之心去重新认识周围的人和事,去重新感受大自然的活力与恩赐。

此外,生活中威胁学生生命安全的自然灾害和人为事件也屡屡发生,因此有必要加强和提升学生的自我防范意识和自我保护能力。通过班会活动,学生可以查阅相关案例,搜集生命安全知识,包括家庭、校园中的生活安全,户外活动安全,交通安全,消防安全等多个方面,有条件的还可以进行适当的演练,为生命安全增加一份筹码。

主题设计案例

"热爱生命" 主题班会

班会目的

1. 认识生命的来之不易，生命对于每个人只有一次。
2. 珍爱自己的生命。
3. 增强应对挫折的勇气，培养积极的处世态度，做一个对别人、对社会、对祖国有用的人，不断充实自己的生命，不断提高生命的价值，让自己的生命焕发光彩。

班会过程

主持人：大家好。在活动之前，请大家猜一猜这个谜语：她像一支离弦的箭，像一根越燃越亮的蜡烛，是一笔留给后代的遗产，是一份来自上帝的礼物，她是最宝贵的。

全班：应该是生命。

主持人：对。生命，这就是生命。人人都拥有自己的生命。那么我们的生命是谁给予的？

全班：父母，我们的父母。

主持人：是的，父母给予我们生命，没有他们就没有我们。下面我宣布初二（2）班"热爱生命"主题班队活动现在开始。

主持人：我们每个人都是一个生命，生命如花般美好艳丽，那么，我们关注过这个陌生而又熟悉的生命么？今天，就让我们来关注这如花的生命。

感谢我们的父母，感谢他们让我们看到这个世界，感谢他们把我们辛苦养大，还给我们一个温暖的家。我们在父母的养育中一天天成熟，在老师悉心的哺育下健康成长。

我们的成长凝聚着老师的心血、父母的辛劳和祖国对我们的期望。我们应该拥有一颗感恩的心，去感恩所有的所有，听一听许伟源同学朗诵诗歌《热爱生命》（略）。

主持人：是啊，父母把我们拉扯大是何等不容易啊，我们曾经是一个小之又小的生命，而今天我们已经是中学生了。面对自己，面对同学，在自己和同学的身上，我们更应该体会到这生命的来之不易。但很多人却无视它的存在，把它当作自己的私有财产，轻易舍弃它，给他们的家人带来巨大的痛苦。请听一个真实的故事《南安13岁小女生喝农药自杀》（略）。

学生谈感受。

甲：生活需要坚强，人的生命只有一次，应该珍惜。

乙：不如意之事，十之八九。人不能遇到困难遇到挫折，就低头，就退缩。

丙：我们要从小培养克服困难、解决问题的能力，要坚强起来。遇到事情自己不能处理的，应当积极去面对，及时主动地告诉家长，告诉老师。

丁：对！面对困难，坚强面对。坚强是生活的基础。

主持人：从大家的发言中我们发现，其实我们每个人都知道自己对于父母的重要性，我们每个人也都知道了我们珍惜自己的生命，不但是为我们自己，还是为了所有疼爱我们，关心我们的亲人，因为，我们在他们心中是绝无仅有的一个！因此，我们更应该珍惜自己的生命了！

生命是宝贵的，我们每个人都要珍惜它，那么怎样才算真正珍爱生命呢？请大家一起来看看不同人的生命过程。

展示几幅各种人的生活画面。

1. 沿街乞讨的人。
2. 吸毒者狰狞的面目。
3. 迷恋网络无法自拔的青年。
4. 叼着香烟满街游荡的人。
5. 辛勤劳动的人。

请大家交流一下：作为一名学生，我们热爱生命应表现在哪些方面？

学生分组讨论交流，发言（略）。

主持人：听了大家的精彩发言，让我感受到我们每个同学都在这次班会中认识了自己的生命来之不易，感受到了亲人对自己的关爱，懂得了要珍惜自己的生命，并让自己的生命更充实。

互动活动：听了朗诵后，说说身边最让你感动的事（请几位学生讲述）。

主持人：每个人都只拥有一次生命。那么生命是什么呢？

在生命的历程中，每天大家同样的生活，有人觉得苦不堪言，有人却过得多姿多彩。怎样对待生命，怎样让我们的生命更加精彩？请听配乐散文《生命之歌》（略）。

主持人：对待生命，要学会尊重生命，珍惜生命。人从婴儿的"哇哇"坠地到长大成人，倾注了父母多少心血和汗水。父母对我们的爱是无私的。我们要学会感恩，特别是父母，羊有跪乳之恩，鸦有反哺之恩，而我们又应拿什么来报答父母所付出的无数艰辛呢？难道放弃生命，践踏生命就是对父母最好的报答吗？我们该如何做？下面的小品将会告诉我们。请欣赏小品《我不做家里的小皇帝》。

（小品讲述的是现在千千万万家庭里的"小皇帝"、"小公主"，娇生惯养，任性无理，过着衣来伸手，饭来张口的生活。通过一些事情后，最后痛改前非，改过自新，决心不做家里的小皇帝……）

班主任总结

在这次"热爱生命"主题班会的过程中，我能感觉到同学们对这次活动的积极参与，大家都在竭尽全力想靠自己的行动去打动别人。今天的节目都给我留下了深刻的印象，故事讲述很真诚，小品表演非常精彩，诗歌朗诵很动人，歌曲演唱很深情。听你们讲述自己感恩的故事，表达自己感恩的心情，作为老师的我心里也涌起一份真实的感动。我突然感觉，在我眼里还长不大的你们其实很懂事，你们都是些善良纯洁的孩子，对自己的父母、老师、朋友，甚至生命中所有的人都拥有一颗诚挚的感恩的心。通过这次活动，我们都深刻体会到生命的重要意义，也懂得了珍惜自己的生命，怀着一颗感恩的心去对待生活，对待学习，对待身边的每一个人，每一件事。

"生命，生命"主题班会

班会准备

搜集有关生命教育的资料，可从网站上下载，或者从报纸新闻中获取。

班会过程

播放歌曲《因为爱》，在歌曲声中，主持人进场。

男：今年4月14日，青海省玉树县城发生两次地震，最高震级7.1级，地震震中位于县城附近。据最新统计，此次地震至少已造成300人死亡，8000人受伤。死者已矣，生者何哀！

女：今天，我们举行"生命，生命"主题班会，希望这次班会能够震撼我们的心灵，净化我们的灵魂，并让全体同学学得知识，进一步加强对生命的珍视!

男、女：初一（8）班主题班会正式开始!

一、同胞遇难·伤痛篇

男：玉树州位于青海省的西南部，面积19.8万公里，占全省总面积的27.5%。人口中近97%是藏族，占全省藏簇人口的近1/4，是省内藏族分布最集中的地区。州境地内山河壮丽，巍峨的东屏障于西部，唐古拉山绵延于境南。海拔5000米以上的山峰多达2000余座，平均海拔4000～5000米。长江、黄河、澜沧江均发源于此。

女：玉树是一片天然美丽富饶的草原，而更使人难以忘怀的是玉树雄壮有力、粗犷豪放的歌舞盛况，人称玉树草原是"歌舞的海洋"、"歌舞的家乡"。但如今所见，竟是满目疮痍，废墟遍野，无数同胞在砖砾下湮灭，无数同胞无家可归，无数孩子失去了双亲，无数父母失去了孩子……

观看视频（3分钟）。

二、血脉相连·感动篇

男：从灾难降临的那一刻起，血脉相连的华夏儿女们就把抢救同胞生命作为抗震救灾行动的最高原则。党中央、国务院、国家抗震救灾总指挥部，胡锦涛总书记第一时间作出重要指示，温家宝总理也第一时间赶到救灾现场，并亲自担任总指挥，从国家最高指挥中枢发出的每一道命令，都贯彻着同一个主题：生命，生命，生命!

女：无论是逼近极限的近百公里徒步突进，还是冒着生命危险的强行空降，或是对每一点生命迹象永不言弃的搜索救援，对生命的执著救助，已经成为集结到灾区的10余万救援大军的最高命令和信念。对生命价值的尊重，在这样的命令和信念中得到凸显，以人为本的执政理念，在这样的救援行动中得到落实。下面请欣赏小品《灾难之后》。

小品：关于救灾的感人事迹（5分钟）。

男：大灾之时有大爱，我们是不是应该有所行动?

女：是啊，我提议全班每个同学拿出自己一周的零花钱，为灾区的同学尽一点心意，哪怕买一份学习用品，大家说好不好?（主持人绕场一周，

在《明天会更好》的歌声中募捐）

三、关爱生命·珍惜篇

男：死者已矣，生者何思？我们在哀悼玉树地震中不幸遇难者的同时，是不是该想想我们此刻能够做些什么？想想我们此刻应该做些什么？

女：生命对于每个人来说，只有一次！但总会有人轻视自己的生命。下面请听我们的小记者为我们报道一则新闻。

学生记者：几个星期前，某校一个中文系大四的女生自杀了。人们在震惊惋惜之余，更多的是觉得生命的意义受到了过轻的估量。人生在世是不能只为自己活的。人从出生开始，就同社会，同家庭，同身边的人产生了千丝万缕的联系，也承担起了一份责任，而无论遇到什么困难，我们都不能，也不该丢掉这份责任。说得严格点，谁都没有随意浪费生命的权利，更何况是毁灭？

生命是珍贵的，而更珍贵的是学会热爱和珍惜生命。死，不是解脱，而是逃避。请担负起自己的责任来，不是单活着就算了，还要活得热烈而起劲。苦难是一笔财富，要知道，只有实实在在的体验苦难，体验失败，体验等待，人才能真正变的充实起来，坚强起来。

人生有限，要做的事还很多，不要任凭生命再去做流逝和伤感了，把该属于我们的生命好好活完吧！

女：听了这则报道，我们每一个人是不是都更应该珍惜可贵的生命？下面请听诗朗诵《热爱生命》。

配乐朗诵：《热爱生命》（5分钟）。

女：从玉树地震中我们学会了"关爱生命"。但是，同学们有没有想过：假如不幸降临到我们身上，我们应该怎样争取生还？这就要求我们掌握一些必要的知识。下面，让我们一起来学习一些地震知识。

看漫画，学知识。（10分钟）（可用提问的形式）

男：地震发生时，至关重要的是要有清醒的头脑，镇静自若的态度。只有镇静，才有可能运用平时学到的地震知识判断地震的大小和远近。近震常以上下颠簸开始，之后才左右摇摆。远震却少上下颠簸感觉，而以左右摇摆为主，而且声脆，震动小。一般小震和远震不必外逃。

女：学校避震在操场或室外时，可原地不动蹲下，双手保护头部，注意避开高大建筑物或危险物。不要回到教室去。震后应当有组织地撤离。千万不要跳楼！不要站在窗外！不要到阳台上去！必要时应在室外上课。

男：家庭避震地震预警时间短暂，室内避震更具有现实性，而室内房屋倒塌后形成的三角空间，往往是人们得以幸存的相对安全地点，可称其为避震空间。这主要是指大块倒塌体与支撑物构成的空间。室内易于形成三角空间的地方是：炕沿下、坚固家具附近；内墙墙根、墙角；厨房、厕所、储藏室等空间小的地方。

女：公共场所避震听从现场工作人员的指挥，不要慌乱，不要拥向出口，要避免拥挤，要避开人流，避免被挤到墙壁或栅栏处。在影剧院、体育馆等处：注意避开吊灯、电扇等悬挂物；用书包等保护头部；等地震过去后，听从工作人员指挥，有组织地撤离。在商场、书店、展览、地铁等处：选择结实的柜台、商品（如低矮家具等）或柱子边，以及内墙角等处就地蹲下，用手或其他东西护头；避开玻璃门窗、玻璃橱窗或柜台；避开高大不稳或摆放重物、易碎品的货架；避开广告牌、吊灯等高耸或悬挂物。在行驶的电（汽）车内：抓牢扶手，以免摔倒或碰伤；降低重心，躲在座位附近，地震过去后再下车。

男：户外避震就地选择开阔地避震：蹲下或趴下，以免摔倒；不要乱跑，避开人多的地方；不要随便返回室内。避开高大建筑物或构筑物：楼房，特别是有玻璃幕墙的建筑；过街桥、立交桥；高烟囱、水塔下。避开危险物、高耸或悬挂物：变压器、电线杆、路灯等；广告牌、吊车等。避开其他危险场所：狭窄的街道；危旧房屋，危墙；女儿墙、高门脸、雨篷下；砖瓦、木料等物的堆放处。

四、结束篇

播放歌曲《手牵手》。

生命对于每个人只有一次！让我们手牵手，共同关爱我们最宝贵的生命！

"珍爱生命"主题班会

班会目的

1. 认识生命来之不易,生命对于每个人只有一次。
2. 认识生命的意义在于让它充实,焕发光彩。
3. 直面挫折,对自己的生命有科学的设计,做一个对别人、对社会、对祖国有用的人,让自己的生命焕发光彩,珍爱自己的生命。
4. 增强对挫折的勇气,培养笑对困难、挑战挫折的乐观精神。

班会过程

男:世界是美好的,她的美好在于有生命的存在。我们是这个世界最灿烂的组成部分,我们周围有蓝天和白云,有父母和朋友,有生活和理想。

女:在我们遇到挫折、困难时,生命对我们来说她的意义是什么?我们又该如何面对生活中的挫折?今天我们就来关注自我,关注我们的生命。

合:九年(4)班"珍爱生命"主题班会现在开始。

女:生命只属于我们一次,我们该把她打扮得更加光彩,生命是一个完整的过程,无论成功还是失败,都不会在你的背后留下空白。我们要让生命有意义,必须对自己负责任,我们应该好好珍惜!

下面请听程宇同学带来的诗朗诵《热爱生命》:

也许我瘦弱的身躯像攀附的葛藤，
把握不住自己命运的前程，
那请在凄风苦雨中听我的声音，
仍在反复地低语：热爱生命。

也许经过人生激烈的搏斗后，
我死得比那湖水还要平静。
那请去墓地寻找我的碑文，
上面仍刻着：热爱生命。

我下决心：用痛苦来做砝码，
我有信心：以人生去做天秤。
我要称出一个人生命的价值，
要后代以我为榜样：热爱生命。

的确，我十分珍爱属于我的
那条曲曲弯弯的荒郊野径，
正是通过这条曲折的小路，
我才认识到如此艰辛的人生。

我流浪儿般的赤着双脚走来，
深感到途程上顽石棱角的坚硬，
再加上那一丛丛拦路的荆棘
使我每一步都留下一道血痕。

我乞丐似的光着脊背走去，
深知道冬天风雪中的饥饿寒冷，
和夏天毒日头烈火一般的灼热，
这使我百倍地珍惜每一丝温情。

但我有着向旧势力挑战的个性，
虽是历经挫败，我绝不轻从。
我能顽强地活着，活到现在，

就在于：相信未来，热爱生命。

男：从这首诗中我们感受到了生命的可贵，纵使遭遇再大的苦难我们应该勇敢地活下去，然而近一段时间有不少人把生命当儿戏，用选择死亡来解脱自己！大家知道：我校在不到一年的时间里，发生了两次学生"轻生"的真实事件。

一位同学远离家庭在外求学，常常想念家人，时常盼望周末回家能与家人团聚，享受亲情带来的快乐，可家庭的不和谐，让他失望之至，一时想不开，走上了绝路离我们而去。

女：另一位同学由于自小缺乏父母的关爱，一直跟着爷爷，爷爷虽然很疼爱这个听话、懂事的孙子，但由于心理上的不平衡，不时说几句气话，让孙子很痛苦，终于有一天，他不堪生活的重负，服毒"轻生"。然而他非常幸运，在学校领导、老师和同学的关爱下，抢救及时，保住了性命，至今仍在医院治疗。他现在很后悔自己的愚蠢的行为，下定决心，等出院后一定好好活着，不管遭遇什么样的挫折、困苦！

男：通过以上两个真实的故事，同学们对生命又有什么更深的理解呢？

（学生们各抒己见，发表了各自的观点与看法，主持人适当点评）

女：同学们谈得很好，把自己对生命的感悟表达了出来：无论如何都要热爱生命，好好活下去。那么热爱生命是不是仅仅指活下去呢？答案毋庸置疑是否定的，那么怎么才是真正的热爱生命呢？

那就听听段述松同学的心声吧。让我们和他一起去争做"真心英雄"。

男：听了段述松同学唱的《真心英雄》，大家情绪高昂，都知道今后该怎么做了吧。

女：有人说时间就是生命，因此把握住时间，就是把握住生命，爱惜生命，能更让自己去延伸生命的价值。但是许多人却在浪费时间，以挥金如土之势把生命大把大把的浪费掉，这不是对待生命的好的行为，白白的虚度了自己的黄金人生，丧失了最好的宝物。

为了让同学们加深对生命的理解，下面我们来个竞赛好不好？

男：怎么个竞赛法？

女：规则是这样的：同学们分成男生、女生两大组，在3分钟内，看哪组说的关于生命、关于时间的名言警句多，说得多的那组就是胜者。

男：太好了，男士们，当英雄的机会来了，我宣布竞赛开始。女士优先。

（总结竞赛结果，为胜者鼓掌，为失败者加油）

男："路漫漫其修远兮，吾将上下而求索。"珍爱生命不仅仅是珍爱肉体的生命，更要珍爱精神层面上的生命。

女：珍爱生命是一种执着，执着于理想、信念、事业；

男：珍爱生命是一种心态，或豁达，或清净，或悲壮，亦或坚韧；

女：珍爱生命是一种挑战，挑战外物，更是挑战自我；

男：珍爱生命也是一种牺牲，牺牲小我，成就大我；

女：珍爱生命还是一种崇高，一种绚烂，一种追求，一种自信。

男：也许我们的理解还太感性，还不太成熟，还有待完善。但毋庸置疑的是我们一定会把握好生命中的每个阶段。积极进取，奋勇直前，充实人生，

合：使我们的生命之花更加绚烂。

班主任总结

生命对于每人只有一次，我们不要拿生命当儿戏，更不要用死来解脱自己。用死来结束生命是一种懦弱的表现；用死来结束生命是一种不负责任的表现！

是的，生活的无奈，情感的挫折，各种竞争的压力把我们压得喘不过气，以至于我们选择死亡来摆脱自己，有的时候选择结束生命确实是一种很好的解脱方式！可是你们知道吗？你们的离去会带给父母的是一辈子无法忘却的伤疤！你们的轻易离去会让多少关心爱你们的父母、朋友、同学为你们伤心绝望，为你们流泪到天亮！

每一个生命都是美丽的，所以每一朵花都不应该拒绝开放。一个人活着，你的生命就不再是你的一个人的所有。我们的生命是父母给予的。保

护好自己的生命，以便让其他的生命更好地活着。

也许我们生活得真的很累！累我们也要活着，活着我们就有希望，即使今天没有，明天没有，只要我们这颗追求理想，追求美好未来的心永远不死，总有一天我们会有的！面包会有的，工作会有的，汽车会有的，房子会有的。总有一天我们会感到活着就是一种幸福！

"珍爱生命，远离毒品"主题班会

一 生命篇

班会目的

1. 通过讨论、交流等形式，使学生了解有关毒品知识，认清毒品的危害。
2. 增强抵御毒品的意识和能力。
3. 弘扬禁毒精神，树立正确的人生观、价值观。

班会准备

1. 召开班级同学的动员会，放手发动学生收集有关资料。
2. 禁毒课件、图片资料、多媒体教学。

班会过程

通过大屏幕展示两幅不同的画面：
1. 活泼可爱的孩子们。

2. 姹紫嫣红的罂粟花。

教师引导性提问："同学们，看了这两幅画面，你想到了什么？"

学生自由发言（略）。

教师揭示主题：是的，活泼可爱的孩子们，再配上这些姹紫嫣红的鲜花该是怎样一幅绚丽的图画呀，然而，当你知道有着如此艳丽花朵的果实，竟是每年夺去大约20万人生命的毒品原料时，你又有何感想呢？你可曾想到了要"珍爱生命，远离毒品"？教师提问：

1. 既然我们要远离毒品，那你知道什么是毒品吗？
2. 你能列举常见毒品的名称和俗称吗？
3. 你会识别吗？

学生讨论、探究后介绍：鸦片、吗啡、大麻、摇头丸等。

教师演示课件：毒品常识。

教师提问：有人说毒品之毒有甚于魔鬼，毒品真的那么可怕吗？

学生1：摧残人的身体甚至导致死亡。

结合图片资料介绍：（图片1）吸毒导致人体内脏病变，（图片2）吸毒对身体的严重损害，（图片3）吸毒过量导致死亡。

学生2：吸毒扭曲人格，毁灭前程。

吸毒者，毒瘾发作时，大都不顾廉耻，丧失自尊，如有的人为了支付昂贵的费用去偷、去抢、去卖淫等。

学生3：吸毒引发自伤、自残、自杀等行为。

案例：李刚，年仅18岁，想戒毒，用手铐把自己的左手铐在铁床上，仅过了一天，他就忍受不了毒性的摧残，竟用菜刀剁下自己的左手，不顾一切地跳下楼去找毒品，结果结束了自己年轻的生命。

学生4：吸毒容易感染艾滋病等。

吸毒使人体免疫力下降，容易感染上肝炎、皮肤病等。特别是共用注射器极易导致艾滋病。图表展示分析：艾滋病病毒感染者及艾滋病病人被传播途径分析。

教师：吸毒不仅直接危害个人身心健康，而且对家庭、亲戚、朋友都会造成极大危害。

学生5：对家庭成员的精神摧残。

案例：姓冯的青年，家庭条件优越，因染上毒瘾被公司开除，家人苦口婆心劝他，但他仍执迷不悟，耗尽了家中财产，后因毒瘾发作死亡，他母亲精神失常，他妻子抑郁而死，剩下70多岁的老父亲和8岁的儿子相依为命。

学生6：导致倾家荡产，家破人亡。

出示对联：烟枪一枝未闻炮声震响打得妻离子散，锡纸半张不见烟火冲天烧尽田地房屋。

学生7：吸毒贻害后代。

案例：3岁的丢丢被吸毒并卖淫的母亲当作毒品款抵押给3名吸毒者，3人每逢毒瘾发作便将丢丢当作发泄对象，可怜的丢丢被折磨得遍体鳞伤。

教师：吸毒不仅危害个人、家庭，也给社会带来严重的危害。

学生8：诱发犯罪，影响社会稳定。

据有关部门调查，在一些地区抓获的犯罪嫌疑人中，有60%~70%的人与吸毒有关。

案例：1997年广西某县破获一起吸毒青少年团伙抢劫案。该团伙4名作案成员中年龄最大的14岁，最小的只有12岁，他们因互相影响吸毒成瘾而辍学，在不到一年时间里作案70起，截获3万元赃款全部用于吸毒。

学生9：吸毒影响国民素质。

教师总结：由此可见，毒品害人、毁家、祸国。

教师置疑：

1. 毒品是把杀人不见血的刀，是一个吃人不吐骨头的白色恶魔。它万恶无比，可为什么还有人去沾染呢？他们是怎样染上毒瘾的？

2. 有人说"吸毒很好玩"，你是怎么理解的？

3. 吸一两次真的会上瘾吗？你想尝试一下吗？

4. 当你特要好的朋友请你吸烟时你会怎么办？

5. 毒品到底离我们有多远？

6. 你知道毒贩诱惑青少年常用的手法和途径吗？

学生1：受好奇心驱使。

案例：张明是一个生长在普通工人家庭中的独生子，他自幼聪明好学，学习成绩一直名列前茅，父母视他为掌上明珠。一天放学后，在回家的路上，张明看到两个高年级的同学正躲在一间废弃的破房里抽烟，那种神秘兮兮的样子，令他十分好奇。他走过去与那两个同学搭上了话。其中一位对他说："我们吸的这种烟很好玩，你要不要试试？"在两位同学的极力劝说下，他吸了第一支掺有海洛因的烟。之后，便一发不可收拾，很快就吸毒成瘾。

学生2：对毒品的无知。

案例：16岁的小强在父母离异时，法院将他判给母亲抚养。家庭的破裂，给他的心灵投下了沉重的阴影。不久，他的学习成绩迅速下降。母亲的苛求、责骂使他的情绪更加低落。小强为了排遣孤独和烦恼，开始频繁地出入电子游戏厅、录像厅，在录相厅他结识了一个吸毒者，并在其引诱下吸毒成瘾。

学生3：受朋友或金钱的诱惑。

案例：15岁的小雅，曾是一名初中生，可她不喜欢学习，认为上学既辛苦又不自由，对那些辍学在社会游荡的朋友的生活充满了羡慕。她经常逃学，并跟那些朋友频频地出入歌舞厅，后来干脆退学。在"舞友"的诱惑下，她开始服用摇头丸。为了赚取更多的金钱，她甚至做起了向舞厅顾客推销摇头丸的生意，最后走上了犯罪的道路。

学生4：毒品离我们很近。通过吸毒人员年龄划分图。可以说明，青少年是毒品的主要受害者。

学生5：常用的手法：通过吸烟，金钱诱惑，欺骗等。

演示课件：《来自校园网的报告》和《锦州地区吸毒禁毒情况》。

6月25日，公安部通过各大媒体和网站发布了我国毒情的最新统计。统计显示，2002年我国内地累计登记在册的吸毒人员已达到100万人，同比上升11%。国内登记在册的吸毒人员总数的74%。其中，16岁以下吸毒人员1万多人，在校学生2000多人。近年来，全国吸食毒品过量导致死亡累计达2.5万余人。

显然，这是一份让所有人都感到沉重的统计报告。

香港一项调查显示，1999年首次被呈报的吸毒者中，有62.4%称在15～24岁期间首次使用毒品。而国内一项针对中学生的涉及两省5666名高中生的问卷调查显示，能够意识到"吸毒往往是从吸烟开始"的比例尚不足1/3。

吸毒者每人每天的花费平均在200～500元。在缺乏毒资的情况下，极易走向犯罪。资料表明，在吸毒成瘾者中有犯罪行为的人在85%以上。

青少年是吸毒的高危人群，近年来吸毒的青少年人数与日俱增。

教师小结：好奇心人皆有之，但一定要把握住自己，千万不要相信"吸一口没事"、"吸一两次不会上瘾"、"吸毒好玩"等说法；在与朋友交往时，记住"害人之心不可有，防人之心不可无"；同时人的一生不可能一帆风顺的，如果你能正确对待困难与挫折，那么展现在你面前的将是一条光明之路。

我国对禁毒工作的重视和取得成就：面对全球毒品的泛滥，联合国将每年的6月26日定为"国际禁毒日"。我国政府历来重视对毒品的违法犯罪活动的打击，不仅加入了国际禁毒公约，还制定了一系列禁毒的法律法规，严厉打击了毒品犯罪。

课件展示：我国法律关于禁毒的规定。

1. 走私、贩卖、运输、制造毒品无论数量多少都构成犯罪，利用未成年人走私、贩卖、运输、制造毒品将受到法律的严惩。

2. 私藏、保存毒品等都属于非法持有毒品行为。

3. 引诱、教唆、欺骗他人吸毒也是一种犯罪。

4. 暴力、胁迫或者以其他手段强迫他人吸毒属于强迫他人吸毒行为。

5. 非法种植毒品原植物（罂粟）也是违法犯罪行为。

教师提问：翻阅了一卷卷吸毒者的资料，目睹了一幕幕瘾君子的惨剧，你有什么感受？你有什么好的办法，与同学们交流交流。

学生交流：

1. 学习毒品知识，了解毒品的危害。

2. 把握住自己的好奇心抵制不良诱惑。

3. 正确对待困难与挫折。

4. 养成良好的行为习惯，不吸烟、不喝酒，不去青少年不宜去的场所。

5. 向家人和朋友宣传毒品的危害。

6. 用法律武器同吸毒贩毒者作斗争等。

班主任总结

同学们，你们是国家的未来，民族的希望，美好的生命是我们对未来的承诺，为使青春永不沾毒，让我们共同宣誓"珍爱生命，远离毒品，向未来奔跑"。

"预防艾滋病健康教育"主题班会

班会目的

1. 知识目标：使学生掌握艾滋病病毒传播的三种途径和预防措施。

2. 能力目标：认识艾滋病流行现状及危害，了解检测艾滋病病毒的意义及途径，增强自我保护意识。

3. 情感目标：关爱艾滋病病毒感染者及病人，和谐相处，共享生命。

班会准备

搜集与艾滋病相关的资料，如传染途径、预防措施、流行现状、危害，艾滋病病毒检测的意义及途径。准备多媒体电脑、大屏幕、联合国公告标语内容、正常人与艾滋病患者各种行为的图片。

班会过程

师：（大屏幕展示联合国发布的公告）艾滋病威胁不亚于核武器。艾滋病如今对世界造成的威胁不亚于让恐怖分子获得核武器。大家知道什么是艾滋病吗？

生：艾滋病的全称是"获得性免疫缺陷综合征"（英文名缩写 AIDS），它是由艾滋病病毒（HIV）攻击人体免疫系统的中枢细胞，致使人体丧失抵抗力，感染其他疾病而导致死亡的一种严重传染病，目前无药可治。

师：课前大家通过多种渠道了解，搜集了许多有关艾滋病的资料，下面以组为单位，每组进行讨论，最后请各组派一名同学当一回解说员，帮助我们一起了解艾滋病的主要传播途径。

生：讨论得出分别通过血液传播、性传播、母婴传播。

教师小结：艾滋病传播的三大主要途径（大屏幕展示）

1. 性接触传播：

（1）目前全球主要的艾滋病病毒传播途径；

（2）艾滋病可通过性交在男性之间、男女之间传播；

（3）性接触者越多，感染艾滋病的危险越大。

2. 血液传播：

（1）与他人共用注射器或医疗器械，共用注射器吸毒是感染艾滋病的重要危险行为；

（2）接受未经血液筛查的输血；

（3）接受未经筛查的器官或组织移植。

3. 母婴传播：

（1）母婴传播的概率在25%~40%之间；

（2）感染的母亲可通过胎盘、分娩将病毒传播给婴儿；

（3）感染的母亲也可通过哺乳将病毒传播给婴儿。

师：刚刚我们总结了艾滋病的三大传播途径，大家想想我们该怎样来预防艾滋病呢？

生：讨论（略）

在学生充分发表意见的基础上，总结如下（大屏幕显示）：

1. 自爱，遵守性道德，杜绝婚前、婚外性行为。

2. 使用安全套。

3. 远离毒品，珍爱生命。

4. 关爱下一代，受病毒感染的女性应避免怀孕。

5. 救护中的安全防范措施。

师：各小组交流课前收集的艾滋病流行现状的资料，指派一名同学公布收集的最新数据。

教师概括小结：（大屏幕展示）

1. 自1981年美国首次发现艾滋病以来，艾滋病以异常迅猛的速度蔓延到世界各地，几乎没有一个国家可以幸免。感染者95%在发展中国家。

2. 目前，艾滋病在全球范围内继续呈蔓延之势。联合国艾滋病规划署和世界卫生组织共同发布的《2006年世界艾滋病报告》显示，2006年全球新增艾滋病病毒感染者430万，艾滋病病毒感染者总数达3950万，同时全球又有290万人死于艾滋病。

3. 上世纪80年代艾滋病流行几乎不涉及妇女和儿童，而现在有成千上万的妇女儿童感染HIV，他们已成为世界关注的中心。到2010年，如果艾滋病的传播未得以控制，那么，在流行严重的地区，艾滋病将使婴儿死亡率增加75%，使5岁以下儿童死亡率增加一倍还多。

4. 卫生部通报显示：①我国报告的感染者和病人人数增加。我国自1985年发现首例艾滋病病例以来，截止2006年10月31日，全国历年累计报告艾滋病183733例，其中艾滋病病人40667例，死亡12464例。②三种传播途径并存。③经性途径感染呈上升趋势。④艾滋病疫情进一步蔓延的危险因素仍然存在。另外，感染者的流动、大量人口流动和性病疫情上升等是造成艾滋病蔓延的重要因素。

（通过案例，以叙述故事的形式让学生理解艾滋病给个人、家庭和社会所带来的危害。如：艾滋病孤儿的生存现状，国家青壮年劳动力的丧失给经济发展带来的影响，艾滋病人由于疾病遭受着巨大的痛苦和折磨，治

疗艾滋病所需昂贵的药品等等问题）

学生充分发表自己的观点。

（艾滋病不仅是医学问题，也是社会问题，不仅对个人、家庭造成极大影响，而且也对社会造成极大影响，预防艾滋病是每个公民的责任。）

教师概括总结：（大屏幕展示）

1. 对个人的危害

生理上讲，艾滋病病毒感染者一旦发展成艾滋病人，健康状况就会迅速恶化，患者身体上要承受巨大的痛苦，最后被夺去生命。

心理、社会上讲，心理上会产生巨大的压力；容易受到社会的歧视。

2. 对家庭的危害

（1）容易产生家庭不和，甚至导致家庭破裂。

（2）使家庭经济状况恶化。有艾滋病病人的家庭，其结局一般都是留下孤儿无人抚养，或留下父母无人养老送终。

3. 对社会的危害

（1）艾滋病削弱了社会生产力，减缓了经济增长，人均出生期望寿命降低，民族素质下降，国力减弱。

（2）社会的歧视和不公正待遇将许多艾滋病人及感染者推向社会，造成社会的不安定因素，使犯罪率升高，社会秩序和社会稳定遭到破坏。

（3）艾滋病使千千万万的儿童沦为孤儿，使千万无辜儿童被迫承受失去亲人的痛苦，还要经常忍受人们的歧视、失学、营养不良以及过重的劳动负担。

师：同学们，根据你们查阅的资料和理解，如何来定义艾滋病的窗口期和潜伏期？

学生展示查阅到的资料。

窗口期：受到艾滋病病毒感染，到体内产生出艾滋病病毒抗体，这一段时间称为窗口期。在窗口期内，艾滋病病毒感染者的血液检测查不到艾滋病病毒抗体，结果呈阴性。窗口期的长短个体有差异，一般2周到3个月，我国目前各疾病控制中心普遍认可的窗口期是3个月。在窗口期虽检测不到 HIV 抗体，但体内已有 HIV，因此窗口期同样具有传染性。

潜伏期：从感染上艾滋病病毒到出现临床各种表现，这一段时间称为潜伏期。艾滋病潜伏期的长短个体差异极大，这可能与入侵艾滋病病毒的类型、强度、数量、感染途径以及感染者自身的免疫功能、健康状态、营养情况、年龄、生活和医疗条件、心理因素等有关。一般为6～10年。在此之前，他们从外表上看上去与健康人一样，可没任何症状地生活和工作，自己并不知道已感染上艾滋病，但潜伏期也具有很强的传染性。

师：有人认为，既然艾滋病无法治愈，查出来也没有用，因而不愿意进行艾滋病病毒检测，这种认识对吗？

生：集体讨论（略）。

教师小结如下：

（1）减少担忧；

（2）早期接受观察治疗；

（3）及早采取健康的生活方式，延缓向艾滋病的发展；

（4）及早采取措施保护家人，防止将病毒进一步传播给他人。

艾滋病的检测途径：（大屏幕展示）

目前通常的检查办法是到当地的卫生防疫机构进行血液的艾滋病病毒抗体检测。如抗体检测呈阳性反应，表明这个人已经被艾滋病病毒感染。由于感染艾滋病病毒4～8周后（一般不超过6个月）才能从血液中检测出艾滋病病毒抗体，所以怀疑自己可能感染了病毒，应尽早去做检测。检测的结果若为阳性，应在3～6个月后再去医院复查。

我国省、市级卫生防疫站、皮肤病防治所、各大医院都可以进行。目前艾滋病病毒抗体检测已成为各地血站或血液中心的常规检测项目。关于对检测结果的保密问题，国家有明文规定："任何单位和个人不得歧视艾滋病病人、病毒感染者和其家属。不得将病人和感染者的姓名、住址等有关情况公布或传播。"

主题延伸

1. 大屏幕展示正常人与艾滋病人各种行为的图片,如握手,拥抱,亲吻等。

2. 大屏幕展示测试题,判断:

(1) 与艾滋病病毒者握手、拥抱会感染艾滋病病毒。( )

(2) 性病患者比一般人更容易感染和传播艾滋病。( )

(3) 与艾滋病病毒感染者共用注射器针具是传播艾滋病的重要途径。( )

(4) 蚊虫叮咬会感染艾滋病病毒。( )

(5) 安全套既可以避孕,又可以预防性病、艾滋病的传播。( )

(6) 游泳池会传播艾滋病病毒。( )

(7) 咳嗽和打喷嚏会传播艾滋病。( )

同学们看了前面的图片,可以判断(1)是错误的。那么以下几道呢?学生充分讨论并回答,老师引导总结如下(大屏幕展示):

与艾滋病人一起工作、吃饭、握手、拥抱甚至同居一室,都不会染上艾滋病毒,所以艾滋病的恐慌是不必要的。并且还不应对艾滋病患者避而远之,而应该给予关爱。(4)(6)(7)是错误的,其余正确。

二、自信篇

自信，就是自己相信自己，具体来说是相信自己有能力实现自己的愿望，是对自己力量的充分肯定。从时代发展的角度来讲，我们处于竞争和挑战的时代，要使学生顺应时代的需要，身心健康地发展，敢于竞争，善于竞争。追根求源是要使学生有自信心，有自我教育的能力。从学生的个人情况来讲，有不少学生，或因学习成绩不理想，或因在家中常遭父母训斥，在校常挨老师批评，或因有某种生理缺陷，或因有过一两次失败体验，便不自信，甚至变得异常自卑。进而，因自卑本可以做的事却没有勇气做，本可以做好的事却出现了差错。如何有效培养学生的自信心，使学生拥有自信是当前教育工作者的一个非常迫切而现实的课题。

以"自信"为主题的班会，在内容上可以采取逐步推进的方式，从"自信的重要性"到"自信的表现"到"建立自信的方法"，从概念到方法，使学生对自信的认识不断深化，并用科学的方法指导自己的实践。

强调自信的同时，教师要引导学生认清"自信"与"自大"的差别，切勿走进狂妄自大的误区。自信的基础是你确实清楚自己知道什么，以及你能够做什么；自大的基础只不过是你"希望"自己知道什么或者你能做什么。

主题设计案例

"认识自我,培养自信"主题班会

班会准备

1. 进行自信心测试:"自信心自测"、"自信程度自评"。
2. 关于气质的心理健康辅导。
3. 进行团体活动分组。

班会过程

一、了解自卑心理

班主任:自卑心理就是还没有开始做某件事时就已断定自己不行的情绪,它对青少年的健康成长有很大的危害。

二、自卑的危害

1. 自卑心理使人感到自己事事不如人,又没有勇气赶上去,悲观失望、消极处事,十分不利于人们的身心健康。

2. 自卑心理从自我怀疑和自我压抑开始,以自我消沉和自我埋没而告终,过于自卑等于自我毁灭。

既然自卑的危害如此之大,我们必须冲破自卑的束缚,消除自卑心理,培养自信的心理品质。

三、消除自卑、培养自信

班主任：要消除自卑，必须了解自卑产生的原因，才能对症下药。

1. 了解自卑产生的原因

产生自卑的原因很复杂，对人来说，除了行为结果之外，还有他人对自己行为结果的不恰当评价和反应。

产生自卑的原因：

(1) 自我认识与真实自我之间存在差异。

(2) 人与人之间的天赋差异被看得太神秘。

2. 培养自信的方法

端正认识：金无足赤、人无完人，不要一味与人比高低，不要过分敏感他人对自己的评价。人和画一样，也是由许多元素构成，只要某一方面或某几方面出色就可能成为杰出的人。紧接着请同学们思考一下自己最突出的优点，准备做下面的训练活动。

活动一：目光炯炯

要求：两人对坐，目光对视一分钟，轮流说出自己的一个优点，态度肯定，大声说三遍。继续对视，轮流请求对方做某事或借东西。一分钟内以各种方式要求对方，对方则反复拒绝。注意体会感受。

讨论提纲：

(1) 说优点时每一遍的感觉有什么不同？

(2) 一次一次地遭到拒绝，心情如何？

(3) 拒绝别人时有何感受？

(4) 今后的学习、工作中，你打算采取什么样的态度对待别人？

学生：说优点时感到一遍比一遍自信；一次次地被拒绝，心情很不好；拒绝别人时，觉得对不起别人；以后在不丧失原则的前提下要尽力帮助别人，等等。

班主任：你拒绝别人时觉得对不起别人，别人拒绝你时他是不是也有这种感觉呢？当你一再要求他时，他可能会不好意思，如果你再坚持一会儿，他可能就答应你了。做事要有不达目的不罢休的决心。

活动二：优点轰炸

要求：小组成员轮流被别人指出优点，每个人只对被谈论者指出一个确实存在的优点，被谈论者只允许静听，不必做任何表示。注意体会被大家指出优点时的感受。

学生：被别人指出优点时感到很高兴；大家指出的大多数优点和我以前认识到的完全一致；有许多优点是我以前没有发现的，这使我加强了对自身优点和长处的认识；指出别人的优点时，我会想这一点我不如他，应该向他学习。

培养自信的初级方法是：

（1）不要过分敏感他人对自己的评价，重要的是相信自己和客观地认识自己。

（2）集中注意力于自己的优点并积极发扬它们。

班主任总结

集中注意于优点和长处，对自己是一种积极暗示，有利于成功。比如我们刚学会骑自行车时，如果看见路上有一块砖，常常会眼睛盯着砖，心里想着千万别撞上去，结果往往就会撞上去。但如果我们把目光投向砖头以外的路上，心里想着一定要骑到没有砖的路上，结果大多不会撞到砖上去。

罗伯特·安东尼说过："将自己的每一条优点都列出来，用赞美的眼光去看它们，经常看，最好能背下来。通过集中注意于自己的优点，你将在心理上树立信心：你是一个有价值、有能力、与众不同的人。"

这就是消极暗示和积极暗示的不同作用，罗伯特·安东尼的这段话可以帮助我们在生活、学习和工作中学会积极暗示。

"扬起自信的风帆"主题班会

班会目的

1. 通过活动,使学生能够认识自我,接纳自我,建立自信心,以健康心态面对人生,迎接挑战。

2. 通过同学相互间的赞美,感受被他人认可的快乐,同时学会欣赏他人,接纳他人。

3. 通过心理健康教育,帮助学生形成向上、乐观、充满自信等健康心理,以良好健康的最佳心理状态去学习和生活。

班会准备

1. 进行自信心问卷调查,并进行统计。
2. 学生准备故事《把斧头推销给小布什》。
3. 准备好小卡片,用于"激励小语赠同学"这个环节。
4. 收集《相信自己》的带 flash 动画的歌曲。
5. 制作 PowerPoint 教学课件。

班会过程

主持人:同学们,让我们先一起来欣赏一个心理学家所做的实验。心理学家曾做了一个实验:将一只跳蚤放入杯中。开始,跳蚤一下子就能从杯中跳出来。然后,心理学家在杯上盖了透明盖,跳蚤仍然会往上跳,但是碰了几次盖后，碰疼了，慢慢就不跳那么高了。跳蚤还能跳出杯子吗？为什么？

　　学生1：跳蚤跳不出杯子，是因为它知道上面有一个盖子。

　　学生2：跳蚤跳不出杯子，因为跳蚤习惯了。

　　学生3：跳蚤跳不出杯子，因为跳蚤失去了自信了。

　　主持人：是的，跳蚤失去了自信，跳不出杯子了。那么在我们的生活中，在我们的心理是否也有这样的一个盖子呢？这就是我们今天班会的主题：我是最棒的——扬起自信的风帆。

　　主持人：提到自信我们并不陌生，那究竟该怎样给自信一个定义呢？

　　出示课件：

　　自信又叫自信心，是相信自己有能力实现自己愿望的心理，是对自己力量的充分肯定。

　　主持人：自信很重要，但到底有多重要呢？或者说自信会给我们带什么好处呢？下面请欣赏贾君同学带来的精彩故事《把斧头推销给小布什》，我们注意从故事的主人公乔治·赫伯特身上去寻找答案。

　　贾君：

　　2001年5月20日，美国一位名叫乔治·赫伯特的推销员，成功地把一把斧子推销给了小布什总统。布鲁金斯学会得知这一消息，把一只刻有"最伟大推销员"的金靴子赠与了他。这是自1975年以来，该学会的一名学员成功地把一台微型录音机卖给了尼克松后，又一学员跨过如此高的门槛。

　　布鲁金斯学会创建于1927年，以培养世界上最杰出的推销员著称于世。它有一个传统，在每期学员毕业时，都设计一道最能体现推销员能力的实习题，让学生去完成。克林顿当政期间，他们出了这么一个题目：请把一条三角裤推销给现任总统。8年间，有无数个学员为此绞尽脑汁，最后都无功而返。克林顿卸任后，布鲁金斯学会把题目换成：请将一把斧子推销给小布什总统。

　　鉴于前8年的失败与教训，许多学员知难而退。个别学员甚至认为，这道毕业实习题会和克林顿当政时一样毫无结果，因为现在的总统什么都

二　自信篇

不缺，即使缺什么，也用不着他们亲自购买；再退一步说，即使他们亲自购买，也不一定正赶上你去推销的时候。然而，乔治·赫伯特却做到了，并且没有花多少工夫。一位记者在采访他的时候，他是这样说的：我认为，把一把斧子推销给小布什总统是完全可能的，因为小布什总统在得克萨斯州有一座农场，那里长着许多树。于是我给他写了一封信，说，有一次，我有幸参观您的农场，发现那里长着许多矢菊树，有些已经死掉，木质已变得松软。我想，您一定需要一把小斧头，但是从您现在的体质来看，这种小斧头显然太轻，因此您仍然需要一把不甚锋利的老斧头。现在我这儿正好有一把这样的斧头，它是我祖父留给我的，很适合砍伐枯树。倘若您有兴趣的话，请按这封信所留的信箱，给予回复……最后他就给我汇来了15美元。

乔治·赫伯特成功后，布鲁金斯学会在表彰他的时候说：金靴子奖已设置了26年。26年间，布鲁金斯学会培养了数以万计的推销员，造就了数以百计的百万富翁，这只金靴子之所以没有授予他们，是因为我们一直想寻找这么一个人——这个人从不因有人说某一目标不能实现而放弃，从不因某件事情难以办到而失去自信。

主持人：谢谢贾君同学的精彩讲述，下面请同学们讨论第一个问题：

乔治·赫伯特取得成功的原因是什么？在我们的身边还有没有这样的事例？

学生1：乔治·赫伯特取得成功是因为他吸取了别人的教训，总结经验。

学生2：乔治·赫伯特取得成功是因为他不怕困难。

学生3：乔治·赫伯特取得成功是因为他对自己有信心，再加上他不怕困难，所以取得成功。

学生4：乔治·赫伯特取得成功是因为他敢于尝试。

主持人：同学们的认识都很正确，从中我们不难发现，乔治·赫伯特成功的基础是他具有坚定的自信心。如果现在打开布鲁金斯学会的网站，就会在该学会的网页上发现这样一句格言："不是因为有些事情难以做到，我们才失去自信；而是因为我们失去了自信，有些事情才显得难以做到。"

出示格言，先让学生默读，提示重读"显得"，请全班同学大声朗读这句格言。

主持人：希望这句话能成为在座每位同学的前进动力。

自信心是很重要点，有信心的人，可以化渺小为伟大，化平庸为神奇；可以改变恶劣的现状，使我们充满激情地去笑对困难，过关斩将，实现理想。即使在最困难的时候，仍能保持乐观奋进的拼搏精神。可以说，人生中的任何一次成功，都是伴随着自尊自信取得的。

可以前我曾经听有的同学说，不是他没有自信，没有努力，是因为他爹妈给了他一个比别人笨的头脑，是这样吗？据统计：正常人只运用了自身潜力的2%～5%，也就是说，最成功的人只运用了自身潜力的5%，前苏联学者做了一个形象的比喻，一个正常人如果发挥了自身潜力的一半，那么他可以将叠起来几人厚的全苏百科全书背得滚瓜烂熟。

因此，只要把我们的潜能发挥出来，别人能做到的事，我们自己也一定能做到。

主持人：那么现在我们很自然的会想到一个问题，既然自信心如此重要，我们该如何培养自信心呢？这是我们要讨论的第二个问题。

学生讨论，交流共享。

主持人概括：我们将刚才同学们的理解归纳起来，可以得出下列7个方法，请一位同学为大家清楚地读出来：

1. 善于发现自己的长处。
2. 给自己一个微笑。
3. 学会积极的自我暗示。
4. 学会自我激励。
5. 感受别人的欣赏。
6. 成功的体验。
7. 充实自我，提高自身素质。

主持人：其实，树立自信并不是一件难事，例如"给自己一个微笑"，这谁都可以办到。树立自信也绝对不是个人的事情，例如"感受别人的欣赏"，我们既要懂得感受他人对自己的欣赏，同时还要懂得去欣赏他人、赞美他人。同学们，前两天，我们进行了一个自信心的问卷调查，下面让我们看看调查的结果（出示统计图）。可见我们有少数同学还缺乏自信，下面让我们来为其中的三位同学找自信，他们是咱们班上最默默无闻的3位同学，希望我们热情的赞美可以让他们勇敢起来，大方起来。

学生们：说出3位同学的优点。（略）

主持人：我想，此时这3位同学的心里一定感到无比温暖。我们已经知道别人的欣赏能增加我们的自信，下面让我们全班同学互动起来，来玩一个游戏"激励小语赠同学"，让我们每个人都来学着赞美别人，学着感受别人的赞美。

活动：为同学设计一个鼓舞人心的赠言，并写在卡片上。

如：先相信自己，然后别人才会相信你。

哪怕是最果断的人，只要他失去自信，也会变成懦夫。

互赠激励语。请同学起来读一读好朋友送给他的话，讲讲自己的感受，再说说自己送给同学的赠言。

主持人：我此刻非常的感动，觉得我们班同学特别团结，特别友爱，觉得我们是一个充满自信、理解和理想的班集体，我真想放声高歌。我觉得有一首歌最能代表我此时的心情，也非常符合我们这节班会课的主题，让我们一起欣赏歌曲《相信自己》。

"让自信导航"主题班会

班会目的

1. 通过活动，使学生能够认识自我，尊重自我，建立自信心，以健康心态面对生活，迎接挑战。

2. 通过同学相互间的赞美，感受被他人认可的快乐，同时学会欣赏他人。

班会准备

1. 确定主持人。
2. 学生事先收集有关"自信心"的故事，准备讲演。
3. 预先请几位同学准备"一分钟表现自我"的演讲。

一、引入

背景音乐：《命运交响曲》（贝多芬）

主持人：同学们，在乐曲中，我们似乎有一种激动，一种热情，这是什么？这就是命运的呼唤。我们是命运的主人，我们能主宰命运，创造自己生命的辉煌。让我们满怀信心开拓未来吧！让我们尽情表现、尽情赞美，捕捉一个充满自信心的自我吧！（充满激情）

主持人：我们现在面临中考，在这紧张而关键的时刻，有些同学却失去了自信，而变得自卑，下面请同学结合班级或个人实际谈一谈缺乏自信的事例或表现（同学发言）。

主持人：上述自卑的表现会带来什么后果呢？（4人小组讨论并发言）

二、认识自信

主持人：如果说自卑是成功路上的绊脚石，那么自信就是成功的指向标，那么什么是自信呢？（同学自由发言）

主持人：刚才同学谈的都很好。自信是一个人对自身的一切以及自己所以从事的活动与事业的深信不疑的性格特征，是获得成功的必备素质；自信是我们克服困难，抵抗挫折的巨大精神支柱；自信是我们向一定目标进取，实现远大理想的动力源泉。

三、要树立自信

主持人：在通向成功的道路上，自信是必不可少的，有事例为证，下面，

请欣赏由刘佳茜和崔勋日同学讲演的两则关于自信心的故事。（故事略）

主持人：这两个故事说明了什么道理？（同学自由讨论发言）

主持人：小泽征尔胜于自信的故事印证了莎士比亚说的一句话——自信是走向成功的第一步，缺乏自信即是其失败的原因。可见，自信心是事业成功、人生快乐的基础。

请同学们谈论一下自己经历或听过、看过的有关因自信走向成功的故事（同学讲故事）

四、如何树立自信

主持人：自信如此重要，那么我们怎样才能树立自信呢？（同学自由发言）

主持人：我们班有那些自信同学比较自信？（同学发言）

1. 自我展现（一分钟）

请准备好的同学用一分钟的时间向全体同学介绍自己的优点和特长。内容：①行为（学习、生活各方面）；②性格；③特长；④能力；⑤人际关系。

要求：讲演时一定要选择一些积极的语句，例如："我是有能力的"、"我在不断进步"、"我各方面表现越来越好"等。

2. 真诚赞美

每位同学都选择班上任何一个同学，真诚地对他（她）说一句赞美的话。（要求：称赞要由衷、贴切、独特。附赞美词语表：乐于助人 兴趣广泛 有恒心 认真学习 勇敢 有理想 善良 文静 细心 坚强 思维能力强 组织能力强 有责任心 有主见 善解人意 活泼开朗 尊敬老师 人际关系好 热爱劳动 诚实 聪明 成绩优秀等）

主持人：好话一句三冬暖，诚意的称赞能使人精神振作，心情愉快，增加自信，促使同学间的友好合作。

3. 优点"轰炸"

在班级中挑选表现比较自卑的几位同学，由全班同学为他们找优点。

4. 树立目标

每个同学制定自己的远期目标和近期目标并谈一谈自己实现目标的措

施。(注:目标要适当)

5. 自信格言

(1) 挑选部分同学交流提前准备的自信格言;

(2) 展示自信格言,全班大声朗读。

6. 宣读班级誓言

我很聪明,我潜力无穷。我要在老师的教导下,告别"三闲",一心向学,勤学苦练,顽强拼搏,永不放弃,全面发展,为40岁做准备!

7. 总结(同学发言总结树立自信的具体做法)

主持人:今天,在这个"让自信导航"班会中,我们看到许多同学的优点和长处。我相信同学们现在都有了这么一个共同认识——我们都是优秀的!

五、结束:

主持人:面临中考,虽然困难重重、压力很大,但我们要积极树立自信,相信自己,用积极的心态去面对困难和挑战,坚持下去,你会成为笑到最后的人。最后,祝愿同学们能够不断地完善自己,乘风破浪,实现自己的人生目标!谢谢!

"自信伴我成长"主题班会

班会目的

1. 通过活动,使学生能够认识自我,尊重自我,建立自信心,以健康心态面对生活,迎接挑战。

2. 通过同学相互间的赞美,感受被他人认可的快乐,同时学会欣赏他人。

班会准备

1. 收集相关资料。
2. 理清班会流程。
3. 制作多媒体课件。

班会过程

导入,展示亲子活动照片。

一、感受初三

主持人:在刚才的照片中,我们可以看到有的同学哭了。那是一种真情的流露。同学们升入初三已经两个多月了,原先的兴奋与好奇正在渐渐消失,取而代之的是紧张的学习生活和沉重的升学压力。期中考试结束后,咱们曾经做过一次问卷调查,其中有两个字反复出现,那就是"苦"和"累"。为什么我飞翔的翅膀如此的沉重?请同学们说说自己的苦和累。

(同学发言)

主持人小结。

二、听故事,品人生

主持人:听着同学们沉重的诉说,我们感到一种压抑,让我们先从这种氛围里走出来,听一个小故事。

读小泽征尔故事。

小泽征尔的故事

日本指挥家小泽征尔有一次去欧洲参加指挥家大赛。在进行前三名比赛时,他被安排在最后一个参赛。评委交给他一张乐谱。他开始指挥演奏,突然小泽征尔发现乐曲中有不和谐的地方。开始,他以为是演奏家的演奏错了,就让指挥乐队停下来重新演奏一次,仍觉得不顺畅。这时,在场的权威人士都郑重声明乐谱没有问题,而是他的错觉。小泽征尔不免对自己的判断产生动摇。但是，他思索再三，坚持自己的判断是正确的，于是大吼一声："不，一定是乐谱错了！"他的喊声一落，评委立刻向他报以热烈的掌声，祝贺他大赛夺魁。原来这是评委们精心设计的"圈套"，以试探指挥家们在发现错误而权威人士又不承认的情况下，是否能坚持自己的判断。

问题：他的成功说明了什么？

（同学自由讨论发言）

主持人：小泽征尔胜于自信的故事印证了莎士比亚说的一句话："自信是走向成功的第一步，缺乏自信即是其失败的原因。"可见，自信心是事业成功、人生快乐的基础。

三、榜样启迪

1. 主持人：出示图片，图片上的人物是谁？他的成功给了你那些启示？（刘翔）

学生简介，并讨论发言。

主持人：除刘翔的例子外你还知道哪些的事例？请讲出来与大家共享（先由学生谈事例，教师再补充）

2. 同学讲述张海迪的故事：活着就要做个对社会有益的人。

活着就要做个对社会有益的人

张海迪，1955年秋天在济南出生。5岁患脊髓病，胸以下全部瘫痪。从那时起，张海迪开始了她独特的人生。她无法上学，便在在家自学完中学课程。15岁时，海迪跟随父母，下放（山东）聊城农村，给孩子当起教书先生。她还自学针灸医术，为乡亲们无偿治疗。后来，张海迪自学多门外语，还当过无线电修理工。

在残酷的命运挑战面前，张海迪没有沮丧和沉沦，她以顽强的毅力和恒心与疾病作斗争，经受了严峻的考验，对人生充满了信心。她虽然没有机会走进校门，却发愤学习，学完了小学、中学全部课程，自学了大学英语、日语、德语和世界语，并攻读了大学和硕士研究生的课程。1983年张海迪开始从事文学创作，先后翻译了《海边诊所》等数十万字的英语小说，编著了《向天空敞开的窗口》、《生命的追问》、《轮椅上的梦》等书籍。其中《轮椅上的梦》在日本和韩国出版,而《生命的追问》出版不到半年,已重印3次,获得了全国"五个一工程"图书奖。在《生命的追问》之前,这个奖项还从没颁发给散文作品。她还写了一部长达30万字的长篇小说《绝顶》。从1983年开始,张海迪创作和翻译的作品超过100万字。为了对社会作出更大的贡献,她先后自学了十几种医学专著,同时向有经验的医生请教,学会了针灸等医术,为群众无偿治疗达1万多人次。

1983年,《中国青年报》发表《是颗流星,就要把光留给人间》,张海迪名噪中华,获得两个美誉,一个是"八十年代新雷锋",一个是"当代保尔"。

张海迪怀着"活着就要做个对社会有益的人"的信念,以保尔为榜样,勇于把自己的光和热献给人民。她以自己的言行,回答了亿万青年非常关心的人生观、价值观问题。邓小平亲笔题词:"学习张海迪,做有理想、有道德、有文化、守纪律的共产主义新人!"随后,张海迪成为道德力量,影响一代代人。张海迪现为全国政协委员,供职在山东作家协会,从事创作和翻译。

同学讨论:张海迪为什么能够如此成功?

主持人:刚才同学谈的都很好。自信是成功的基石,自信可是使人更加勇敢;自信可以使人有克服困难的勇气、有自强不息的力量;自信能使人发挥潜能。拿破仑就曾经宣称:"我的字典中没有不可能的字眼。"

四、扬起自信的风帆

主持人:每个人都是独特的,都会有自己的优势。我们要学会欣赏自己的优点和长处,而不要过多关注自己的缺点和劣势,这样才能增强自信心。

1. 欣赏自己

请准备好的同学用一分钟的时间向全体同学介绍自己的优点和特长。内容:学习、生活、性格、特长、能力、人际关系。要求:讲演时一定要选择一些积极的语句,例如:"我是有能力的"、"我在不断进步"、"我各方面表现越来越好"等。

2. 真诚赞美

每位同学都选择班上任何一个同学，真诚地对他（她）说一句赞美的话。要求：称赞要由衷、贴切、独特。

主持人：好话一句三冬暖，诚意的称赞能使人精神振作，心情愉快，增加自信，促使同学间的友好合作。

五、自信之灯

主持人：只有相信自己，才能激起进取的勇气，才能感受生活的快乐，才能最大限度地挖掘自身的潜力。

1. 树立目标：每个同学制定自己的远期目标和近期目标并谈一谈自己实现目标的措施。（注：目标要适当）

2. 宣读班级誓言。全体学生起立，举起左手，在班长的带领下宣誓：我要努力奋斗，学会学习，学会生活，学会做人。自信的我一定会取得成功！

班主任总结

今天，在这个以"自信伴我成长"班会中，我们看到许多同学的优点和长处。我相信同学们现在都有了这么一个共同认识——我们都很棒！面临中考，虽然困难重重、压力很大，但我们要积极树立自信，相信自己，用积极的心态去面对困难和挑战，坚持下去，你就会成功。中考是一场智慧之战更是一场心灵之战。祝愿同学们能够不断地完善自己，乘风破浪，实现人生的目标！让我们在班歌声中结束班会。（全班齐唱班歌）

三、挫折篇

常言道：人生不如意事十之八九。生命的旅程，不可能一帆风顺、一路坦途；风风雨雨在所难免，坎坎坷坷，总要经历。面对挫折，我们应该如何应对，这是每个人都要思考并且必须做好准备的。对学生来说，在校学习任务繁重，应试压力很大；在家备受呵护，多是在十分顺利的环境中长大的，他们更容易在生活学习中受到伤害、遭遇挫折。而且遭遇挫折后常常是不知所措，轻者闷闷不乐、不思进取；重者甚至产生攻击性、逃亡性以至报复性的行为。因此，对中学生适时实施面对挫折的心理健康教育刻不容缓，且十分重要和必要。要培养造就他们健全的人格、健康的心理；让他们学会直面挫折、勇于战胜挫折，并在挫折中学习和生活。

以"挫折"为主题的班会，教师要首先引导学生意识到挫折作用的两面性：它可能严重阻碍个人目标的实现，产生心理痛苦、情绪紊乱、行为失措等消极影响；它也可能成为"精神补品"，让人变得更加坚强和成熟。适当的挫折可以激发人的潜能和探究精神；可以冷却他们的骄傲情绪，平心静气、踏踏实实地取得更大的进步；可以让他们尝到成功真正的滋味，成功是通过自己的努力战胜一个个难题而不是轻而易举的；还可以使他们更好地适应现代社会，能够面对更多的挫折与挑战。

主题设计案例

"正视挫折"主题班会

班会目的

1. 通过本次主题班会，使学生了解挫折在人生路上的不可避免性；提高挫折的承受力，掌握对待挫折的正确方法。

2. 使学生树立信心，让挫折成为自己向上攀登的垫脚石。在遭遇挫折时，能善待挫折，努力战胜挫折，做生活的强者。

3. 通过班会，使学生能够正确对待挫折，提高抗挫能力，掌握正确对待挫折的办法。

班会过程

一、认识挫折

1. 导入：在生活中，我们常常祝愿他人万事如意，心想事成，一帆风顺等等，但是恐怕并没有人真的相信能够像他人祝愿的那样，那些祝福只是人们良好的愿望而已。在现实中，每一个人的生活道路都不可能是一条笔直、宽阔、平坦的大道，总是布满坎坷与荆棘。坎坷在每个人的生活中都存在着，只不过或大或小罢了，它们就是我们平时所遭受的挫折。

2. 个案分析

1918年，13岁的高士其以优异的成绩考入了清华留美预备学校，学校授课全部要用英语，可高士其入学时只懂一点英语。入学时，除了英语他的各门功课都特别突出，学校特准他一入学就跳了一级，怎么办？他不懂英语，是无法听课的，时间一长，各门功课都要落下来。少年高士其遇到了人生中的第一次较大的考验，可以说这是遭受的第一次挫折。但高士其没有退缩，没有等待，没有犹豫，他是个迎着困难上的人。他把英语单词记在一个小本子上，每天清晨一起床就背。有些单词发音不准，他就用家乡福建话注音，就这样他硬是把一个个单词背下来了，经过半年的努力，他竟然获得了英语优等奖章，而且接着又开始自学起法语和德语来。

3. 组织学生讨论：

（1）少年高士其遇到了什么问题？他是怎样对待的？

（2）你在生活中有没有遇到相似的经历，你是如何对待的呢？

二、了解挫折

1. 谈谈同学心目中的能算得上"挫折"的事例。每个人都有他自己的人生理想，有一个奋斗的目标。有志者总会不断地努力，向着自己的人生目标迈进，但在奋斗的过程中，总难免遇到这样或那样的挫折，挡住你前进的脚步。在这种情况下，人们就会产生不安、失意等情绪体验，并伴随着相应的外部行为反应，这就是挫折。

2. 分析挫折可能产生的原因。

生：（讨论）

师明确：有自然环境和时空限制，人的生老病死、天灾人祸造成生离死别，同学之间的矛盾、家长和老师的不理解，人的容貌、身材、体质、能力、知识水平等的限制，这些因素都有可能导致挫折。

三、感受挫折

1. 请同学具体谈谈自己所经历的一些挫折及受挫后的反应。

2. 请同学谈谈伟人或名人是如何对待挫折的。

3. 谈谈古今中外因为受挫而一蹶不振的事例。

四、善待挫折

1. 善待挫折

过渡：由上面的讨论，同学可能会发现，同样的挫折，不同的人，不同的心态下往往会有不同的结果。谁能说一说，遇到了挫折后我们应如何对待呢？

生：（讨论）

师明确：对挫折要有正确的认识和心理准备，要培养坚强的意志，还要多与人交流。

2. 师生共同探讨善待挫折的方法。

师：我们在遇到挫折后，会用哪些方法对待呢？

生：写日记、听音乐、打球、购物等等。

师：宣泄法、音乐疗法、转移注意法。

挫折是人生的一笔财富，从某种程度来说，它是我们事业成功的基石。经历挫折，可以磨炼我们的意志，可以促使我们去学习更多的知识，迎接更大的挑战。

五、欣赏歌曲，并寻求榜样的力量，战胜挫折（《阳光总在风雨后》）

1. 欣赏歌曲，并感悟其歌词的涵义。

师：我们同学都喜欢遇挫折有承受力的人。那么我们也不必怕挫折，刚才歌中唱得好，"阳光总在风雨后"讲出了：人必须经历挫折，才能培养出坚韧不拔的抗挫折能力，要勇于正视挫折，磨炼自己，才能取得成功。"宝剑锋从磨砺出，梅花香自苦寒来。"

2. 请同学列举一些虽遭挫折但顽强抗争，最后取得成功的典型事例，以激发其战胜挫折的斗志。

3. 即兴演讲表心愿。

班主任总结

同学们，挫折和失败在人生的道路上不可避免。孟子说："故天将降大任于斯人也，必先苦其心志，劳其筋骨，饿其体肤，空乏其身，行拂乱其所为，所以动心忍性，增益其所不能。"巴尔扎克曾说："挫折对于天才是一块垫脚石，对于能干的人是一笔财富，对于弱者是一个万丈深渊！"我们要做生活中的强者，正确认识挫折，提高自身心理承受力，以适应我们这个竞争的社会。

"跌倒了，爬起来"主题班会

班会目的

1. 使学生认识到逆境是人生的必然，应坦然面对。
2. 引导学生正确认识挫折的价值，调整应付挫折的心态。

班会准备

教学课件，故事磁带，每人一张纸卡。

班会过程

同学们，你们走路时曾跌倒过吗？跌倒的滋味是什么样的？在生活中，人人都希望走一条平坦的道路，但人生不可能是一帆风顺的，有成功，也有失败。也就是说，在学习和生活中，我们随时都可能遇到各种困难与挫折，这时，你是被挫折吓倒，一蹶不振，还是勇敢地走向成功呢？

对，我们应在哪里跌倒，就在哪里爬起来。

一、故事引入

挫折对于不同的人有着不同的意义。法国大作家巴尔扎克曾说过："苦难对甜菜是一块垫脚石，对能干的人是一笔财富，对弱者是万丈深渊。"（出示两则故事）

保尔的故事

《钢铁是怎样炼成的》这篇小说中这样一段描述。保尔一次对朋友说："人应该支配习惯，而不是习惯支配人。"当时就有人嘲笑他爱说漂亮话，举例说保尔明知抽烟不好，但还是戒不掉。保尔听了当即把口中的烟卷拿了下来说："从今天起，我决不再抽烟。"保尔说到做到，从此，戒掉了几乎在孩童时代就养成的抽烟习惯。

马加爵的故事（略）

相信大家从保尔的故事中可以看出他就是这样一个意志坚强的硬汉子。其实，无论是保尔还是马加爵，两人的事例都给我们提出了同一个问题：如果遇到困难与挫折，应该怎样做？

二、"如何面对挫折"做法讨论

1. 了解自我，接纳自我。

2. 正视现实，适应环境。

3. 接受他人，善与人处。

4. 想一想。经历挫折，换个角度讲，是对人的意志、决心和勇气的锻炼，是对人综合实力的检验。失败乃成功之母，楚汉之争，刘邦屡败屡战，百折不挠，终于在垓下一战，十面埋伏，将项羽打败。人是经过千锤百炼才成熟起来的，重要的是吸取教训，不犯或少犯重复性的错误。

5. 比一比。与同乡，同学，好友相比，虽说比上不足，但可能比下有余。及时调整心态，不因小败而失信心，不因小挫而失锐气。要找出自己的优势和特长，想想是否都得到充分的发挥了；找找别人的长处，以取长补短。人生的转折点往往始于失败，失败会使人猛醒、冷静、理智和振作，使生命之帆重新扬起。

6. 放一放。如果不是急事大事，索性放下不去管它，过几天再说，或许会有更清醒的认识，更合理的打算。重要的是把握好眼前的时光，莫让它白白流逝。必要时可放弃原来的打算，重新安排其他事情。有得必有失，想在方方面面都有建树很难，经过慎重选择后，得到的会心安理得，失去的会心甘情愿，没有紧张和焦虑，没有沮丧和失望。

7. 让一让。常有这样的现象：狭窄的街口桥头，几辆汽车挤作一团，互不相让，谁也过不去。若有几辆车风格高一点，先退出来，则所有的车辆都可畅行无阻。人生也是这样，姿态高一些，眼光远一点，从长计议，不在一时一事上论长短，退一步会海阔天高。

三、讲故事

你们还知道那些文人或名人受挫折的故事，讲一讲。

四、联系实际

伟人在困难面前，都能以坚强的意志面对，勇往直前，直到取得成功。那么，同学们在遇到困难是又是怎样做的呢？请大家讲一讲自己的故事。

五、总结归纳

正确认识，勇敢面对，付诸行动。

六、解决现实问题

学习与生活中，我们都可能遇到困难，请把你最近遇到挫折写在纸卡上，可以不写姓名。

七、小组讨论

以小组为单位，用自己喜欢的方式，帮助大家解决问题。

八、资源共享

请同学们把课前搜集的有关克服困难的名人名言汇报一下，让大家共同欣赏。

什么叫作失败，失败是到达较佳境地的第一步。

——菲里浦斯

对于不屈不挠的人来说，没有失败这回事。

——俾斯麦

一次失败，只是证明我们成功的决心还够坚强。

——博　维

失败也是我需要的,它和成功对我一样有价值。

——爱迪生

我们关心的,不是你是否失败了,而是你对失败能否无怨。

——林　肯

暂时的失利,比暂时的胜利好得多。

——阿卜·法拉兹

(播放音乐《真心英雄》)

班主任总结

"不经历风雨,怎能见彩虹",让我们勇敢地面对挫折,从失败中走出来,重新树立自信心。虽然跌倒了会痛,但它能教会我们走得更快更稳,相信大家一定会越走越好!

"考试失败的心态调整" 主题班会

班会目的

培养学生勇敢面对激烈竞争的良好心理素质,引导学生正确对待考试,激励他们努力学习科学文化知识,确定个人的奋斗目标。

班会准备

用调查问卷的形式列出同学们对考试的心态,查找出解决问题的资料,以主题班会讨论。

班会过程

老师：我们生活在一个激烈竞争的年代，竞争中有胜利，当然也有失败，他们像孪生兄弟一样密不可分。今天我们的班会主题是"考试失败后的心态调整"——失败过等于失败者吗？

这次的三月考成绩出来后肯定是有人欢喜有人愁，我们如何面对呢？现在我们小组之间讨论一下你是如何调整考后的心态的。

（同学讨论中）

（讨论结束）

同学1：我会总结一下过去的学习情况，看看自己哪些地方不足需要改正。

同学2：找同学聊天。

老师：很好的方法啊！那么，同学们心目中又是如何看待考试的呢？

同学3：考试就像一场球赛，有欢天喜地，又有失败悲哀，老师、父母是球迷，正因为有他们，考试才会显得有意义，失败不是考试的悲哀，而是它本身的魅力，因为有失败，才会有胜利的欢乐，让我们勇敢面对考试，用球赛的激情对待考试。

同学4：考试就像一个秉公执法的法官，一次次宣读法庭的宣判，一次次慰藉胜诉者的付出，一次次打击败诉者的心灵，只要我们努力，我们肯定能通过高中时代最后一次审判——高考。

老师：同学们对考试的比喻真的很恰当，很贴切！那现在让我们一起来分享两个故事！

他曾经是美国最大的零售集团的总裁，他把所有的钱都投入到集团中。当他72岁时，他苦心经营的集团倒闭了，他从一个国际知名企业家一下子变成一个一文不值的穷光蛋。有人以为他肯定要自杀或从此愁苦一生。但是他没有，他很快调整了心态，和几个年轻人办起了一家网络咨询方面的小公司。他说，感谢失败。如果不是失败，他就不可能有机会在70多岁的时候体验什么叫东山再起，更没有机会和年轻人一道挑战过去从未接触过的领域。他为什么能这么快调整心态,他有秘诀吗?

另一个故事是:有一个生长在孤儿院中的小男孩,常常悲观地问院长:"像我这样没人要的孩子,活着究竟有什么意思呢?"院长总是笑而不答。有一天,院长交给男孩一块石头,说:"明天早上,你拿这块石头到集市上去卖,但不是真卖,记住,无论别人出多少钱,绝对不能卖。"第二天,男孩拿着石头蹲在集市的角落,意外地发现有不少人好奇地对他的石头感兴趣,而且价钱越出越高。回到孤儿院,男孩兴奋地向院长报告,院长笑笑,要他明天拿到黄金市场去卖。在黄金市场上,有人出比昨天高10倍的价钱来买这块石头。最后,院长叫孩子把石头拿到宝石市场上去展示,结果,石头的身价又涨了10倍,更由于孩子怎么都不卖,竟被传扬为"稀世珍宝"。男孩兴冲冲地捧着石头回到孤儿院,把这一切告诉给院长,并问为什么会这样。院长没有笑,望着孩子慢慢说道:"生命的价值就像这块石头一样,在不同的环境下就会有不同的意义。一块不起眼的石头,由于你的惜售而提升了它的价值,竟被传为稀世珍宝。你不就像这块石头一样?只要自己看重自己,自我珍惜,生命就有意义,有价值。"

同学们,这两则故事说明了什么,启示了什么呢?现在小组讨论一下。

(同学讨论中)

(讨论结束)

同学5:失败不要紧,最重要就是从失败中站起来。

老师:谢谢!现在让我们重新来认识考试!(看屏幕)

考试就像人生,在一次次的突破中品尝着酸甜苦辣。

考试带给我们的将是不断挑战自我和超越自我的痛苦和欢乐。

在人生中,不要把成功的尺度定得太高,也不要把成功看得过于神圣,否则,我们就会对人生失却一份应有的信心,而对困难,我们会望而却步。

失败并不意味着我们是失败者,他只是意味着我们尚未取得成功;失败并不意味着我们一无所获,他只是意味着我们得到了教训;失败并不意味着我们声誉下降,他只是意味着我们面临新的挑战;失败并不意味着我们无能,他只是意味着我们应该注意学习方式;失败并不意味着我们愚蠢,他只是意味着我们还不够完美;失败并不意味着我们失去一切,他只是意味着我们可以重新开始;失败并不意味着我们应该退却,他只是意味着我们要有更顽强的毅力;失败并不意味着我们达不到目标,他只是意味着我们将用更多的时间去实现目标。

我相信同学们一定能够在失败中总结经验,吸取教训,最终必定能够获得胜利的!现在让我们拿起手中的宣言,高声地朗读。

(全班齐声朗读宣言)

班主任总结

通过这次主题班会,希望同学们能够以良好的心态对待每一次的考试,为即将到来的期中考试做好充分的准备。同时,为了祖国的腾飞,个人的发展,我们应做到:在学习中思考,在思考中发现,在发现中成功,一起为祖国的未来献一份力。

"如何面对挫折"主题班会

班会目的

教育学生遇到挫折不要屈服,而要正确认识挫折,善于吸取教训,从挫折中奋起,以更大的信心迎接新的挑战,从而形成能够经受挫折考验的健康心理。

班会准备

1. 准备好名人、伟人战胜挫折，取得成就的事例。

2. 故事表演。

3. 收集班中能够在挫折中奋起，并取得成功的典型事例，并作好介绍的准备。

班会过程

一、谈话导入

在生活中，人人都希望走一条平坦的路，但人生不可能是一帆风顺的，有成功，也有失败，有顺境，也有逆境。有人说，挫折是人人有份的"快餐"，也就是说，在学习和生活中，我们随时都可能遇到各种困难失败，乃至遭受不幸。这时候，你是被挫折吓倒，一蹶不振，还是以顽强的意志走向成功呢？

二、听故事录音，进行讨论

1. 听故事《牛顿做风车》。

2. 引导学生讨论：牛顿受辱后他认识到什么？后来他是怎么做的？

3. 教师小结：结合同学们的讨论，总结出一个人对待挫折应该持的态度：①正确认识挫折。既然挫折已成为现实，我们就要承认它和勇敢地对待它，而且要向它挑战。②化悲痛为力量。要知道，遇到挫折悲观失望、自怨自艾是没有作用的，应该以更大的勇气去做自己该做的事情，在人生新的起跑线上重新起步。

三、角色表演

请几个同学上台表演。

（小张是学校的乒乓球运动员，而且还是个主力队员。可是在一次班际比赛中，他却输给了别班的一个普普通通的运动员，他垂头丧气，一蹶不振，甚至产生了退出球队的想法。)

讨论：当别人遇到挫折时，你应该怎样做？

四、联系实际，谈谈看法

根据上课前收集的班里一些能够在挫折中奋起，并取得成功的典型事例，谈谈自己的看法。

班主任总结

在一个人漫长的生命历程中，没有人能永远成功，每个人都有失败的时候。而且，某件事没做好，不等于你整个都失败了，你还有很多拿手的事。所以，不必为做糟了一件事而伤心，要学会从灰色的情绪中走出来，重新树立自己的信心。摔了跟头之后，最重要的是弄明白为什么摔倒，找到原因，对症下药，这是失败给你的最好礼物。摔了跟头是很疼的，但这能教我们以后走得更快更稳。相信同学们会越走越好！

四、成功篇

以"成功"为主题的班会，可以谈的问题有很多，比如怎样才算是成功、成功的要素有哪些等等。但对于思想正处于过渡期的中学生来说，成功所涉及的价值观问题恐怕更加重要。

从整个社会背景来说，当前中国正处于迅速发展的转型期，竞争压力很大，人们对于成功的要求空前迫切，呈现出浮躁的态势。"一切向钱看"的态度使人们把成功紧紧地与金钱联系到一起，"超女"等现象的出现加重了人们对一夜成名的渴望。这样的社会氛围所传递的对于成功的定义，是扭曲的，成功已演变成"权、钱、名"的代言词。从学生发展的角度来讲，中学生早已有对于成功的诉求，但同时他们的思想极大地受外界环境的影响。因此，如何在成功的问题上进行价值观的引导，对于他们的成长来说是极为重要的。

对成功清晰的认识，有助于帮助学生去掉盲目追求的心理和社会负面影响带来的困惑，有助于学生抵御外在的种种诱惑，在自己的道路上踏踏实实，一步一个脚印地不断前进。

主题设计案例

"生命因拼搏而精彩"主题班会

班会目的

通过主题班会,教育学生树立理想,努力学习,迎接中考。

班会过程

主持人(男):亲爱的老师同学们,大家好!时间过得很快,转眼间,我们已度过初一初二,走进初三的岁月,在这最为关键的时刻,我们召开这次班会,愿我们在这里"让梦想成真"。

主持人(女):轻轻地\岁月已飘然流逝\美好的童年\只剩下片片回忆\走在青年的路口\我们渴望\自由地飞翔\为了\心中那一个\七彩的梦想。我们每个人都有一个美丽的梦想,不论伟大还是渺小,从近期的目标到将来的梦想。

主持人(男):现在我们以学生的身份,生活在225班这个美丽的大家庭中,相信我们每个人心中都有一个美好的愿望——考上一中,还有的甚至在向长沙名校奋斗,那么,就让我们来一起分享一下各自的梦想。下面有哪位同学愿意和大家来一起分享一下他美丽的梦想呢?

主持人(女):美好的梦想,犹如黑夜中的灯塔,引领我们前进的方向,然而,并不是有了梦想就能驶向成功的彼岸,因为成败在于人品的优劣。

根据美国哈佛大学心理学教授乔治·赫华斯博士多年的研究成果，事业的成败在于人品优劣。

成功有9大要素：①为人有幽默感；②待人处事温文尔雅；③注重友情、热心；④与同事真诚合作；⑤仪表大方；⑥人格平衡发展；⑦富于想象力；⑧有克服任何困难的勇气；⑨有必胜的坚强毅力。

失败也有9大因素：①言行孤僻，不善与人合作；②言而无信；③脾气古怪无常；④处事敷衍，工作丢三落四；⑤自负，目空一切；⑥惹是生非，胆大妄为；⑦看不起同事，自诩天下无双；⑧不求进取，懒惰；⑨不尊重别人建议，亦不接受别人的意见。

赫华斯教授指出："成功人物最重要的是高尚的品格和健康的身心，事业上的失意者大都是由于品格低劣及不能自我调节。"

主持人（男）：没错，成功贵在坚持，下面就让我们大家一起来分享一个小故事。

开学第一天，古希腊大哲学家苏格拉底对学生们说："今天咱们只学一件最简单也是最容易做的事儿。每人把胳膊尽量往前甩，然后再尽量往后甩。"说着，苏格拉底示范了一遍，"从今天开始，每天做300下。大家能做到吗？"

学生们都笑了。这么简单的事，有什么做不到的？过了一个月，苏格拉底问学生们："每天甩手300下，哪些同学坚持了？"有90%的同学骄傲地举起了手。

又过了一个月，苏格拉底又问，这回，坚持下来的学生只剩下80%。

一年过后，苏格拉底再一次问大家："请告诉我，最简单的甩手运动，还有哪几位同学坚持了？"这时，整个教室里，只有一人举起了手。这个学生就是后来成为古希腊另一位大哲学家的柏拉图。

世间最容易的事是坚持，最难的事也是坚持。说它容易，是因为只要愿意做，人人能做到；说它难，是因为真正能做到的，终究只是少数人。成功在于坚持。这是一个并不神秘的秘诀。

主持人（女）：成功的秘诀在于坚持，唯有坚持，沙粒才能成为珍珠。在我们班也有这样的同学，下面就有请刘力来为我们介绍一下，当他面对初三的升学压力时,他是怎样坚持不懈努力奋斗的呢?

(略)

主持人(男):听完了刘力同学的讲话,想必大家都是收益匪浅吧?但是除了坚持,我们还必须有承认失败的勇气。通过这次月考,有人欢喜有人忧,有些同学因为一时的失误也没能达到自己的目标,下面,我们就有请×××来谈一下对此次月考失败后的想法。

(略)

主持人(女):对啊,从小到大,我们总是生活在大人的庇护之下,我们从来都不愿意正视我们所犯下的过错,于是我们学会了撒谎。当我们长大一点,那些本会因为撒谎而显现出的面红耳赤便不再会阻挠到我们说谎的进程了,我们开始变得从容,并头头是道,似乎每一件过错的发生都有其理由。当我们再次想起那些事,是否看到那正是我们没有责任心的表现。学会对自己的过错负责,是的,我们所需要的正是这样的勇气。

幻灯片:

每次考试成绩不理想,或是遇到什么挫折,我们有些同学就萎靡不振,哀叹自己是世界上最不幸的人,容易放弃努力。每到此时,我就会想起一个人来:他22岁生意失败,23岁竞选州议员失败,24岁生意再次失败,25岁当选州议员,26岁情人去世,27岁精神完全崩溃,卧病在床6个月,29岁竞选州议长失败,31岁竞选选举人失败,34岁竞选国会议员失败,37岁当选国会议员,39岁国会议员连任失败,46岁竞选参议员失败,47岁竞选副总统失败,49岁竞选参议员再次失败,51岁终于当选美国总统。这个人就是林肯,是公认的美国历史上最伟大的总统。

"此路艰辛而泥泞。我一只脚滑了一下,另一只脚也因而站不稳;但我缓口气,告诉自己,这不过是滑一跤,并不是死去而爬不起来。"林肯在竞选参议员落败后如是说。

主持人(女):在风中跌倒,在雨中坚持,胜亦可歌,败亦可泣,但我们永不言弃,因为我们相信,"我的未来不是梦"。

主持人(男):放飞心灵的梦想。

在风中跌倒,在爱中流泪,在生命中感动,漫漫旅程,如果我们能敞开宽阔的胸怀，鼓起真爱的勇气，美好的追求，艰难的挫折，也不失为一道靓丽的风景。

曾经，我们拥有许多美好的东西，却不懂得珍惜，反而痛心疾首，感叹命运的不公，在不知不觉中步了后尘……

年少的我们，渴望拥有梦想，因为我们知道，平淡的人生缺少对自身价值的肯定，生命的花朵就难以绽放。在漫漫人生旅途中，是否能给自己一个自信的理由，放飞自己心中的梦想。

带着自己的梦想，点起篝火，一夕狂欢，狼狈的是天明之后的灰烬残烟……

主持人（男/女）：下面，就让本次班会，在美妙的歌声中落下帷幕。

全班唱：《隐形的翅膀》

　　每一次，都在徘徊孤单中坚强

　　每一次，就算很受伤，也不闪泪光

　　我知道，我一直有双隐形的翅膀，带我飞，飞过绝望，不去想，他们拥有美丽的太阳

　　我看见，每天的夕阳，也会有变化

　　我知道，我一直有双隐形的翅膀，带我飞，给我希望

　　我终于，看到，所有梦想都开花，追逐的年轻，歌声多嘹亮

　　我终于，翱翔，用心凝望不害怕，哪里会有风

　　就飞多远吧

　　隐形的翅膀，让梦恒久比天长

　　留一个

　　愿望

　　让自己想象

班主任总结

通过这次班会，同学反映热烈，美好的梦想为你们指明了前进的方

向，使你们坚持自己的理想，奋勇拼搏，永不言弃。42个同学，42个梦想，像花儿一样美丽，像鸟儿一样翱翔，愿我们所有的同学放飞自己心灵的梦想，在不断的追求中成长。

"目标——引我成功"主题班会

班会目的

1. 使学生明确目标的意义及重要性。
2. 使学生明确如何制定目标。
3. 使学生明确如何实现目标。

班会准备

1. 准备关于目标的小故事。
2. 准备诗歌《目标》《坚持》。
3. 准备多媒体课件。

班会过程

一、人，为何需要目标？

故事：选择

有一位军阀每次处决死刑犯时，都会让犯人选择：一枪毙命或是选择从左墙的一个黑洞进去，命运未知。所有犯人都宁可选择一枪毙命也不愿进入那个不知里面有什么东西的黑洞。

一天,军阀显得很开心。旁人很大胆地问他:"大帅,您可不可以告诉我们,从这黑洞走进去究竟会有什么结果?"

"没什么啦!其实走进黑洞的人只要经过一两天的摸索便可以顺利地逃生了,人们只是不敢面对不可知的未来罢了。"军阀回答。

启示:看不到目标比死还可怕,目标能给人希望和力量,人生如果没有目标就等于一具行尸走肉。

二、目标有什么用?

故事:只差100米

20世纪50年代,有一位女游泳选手,她发誓要成为世界上第一位横渡英吉利海峡的人。为了达成这个目标,她不断地练习,不断地为这一历史性的一刻做准备。这一天终于来临了。女选手充满自信地昂首阔步,然后在众多媒体记者的注视下,满怀信心地跃入大海中,朝对岸英国的方向有力游去。

旅程刚开始时,天气非常好,女选手很愉快地向目标挺进。但是随着越来越接近英国对岸,海上起了浓雾,而且越来越浓,几乎已到了伸手不见五指的程度。女选手处在茫茫大海中,完全失去了方向感,她不晓得到底还要多远才能上岸。她越游越心虚,越来越筋疲力尽。最后她终于宣布放弃了。

当救生艇将她救起时,她才发现只要再游100多米就到岸了。众人都为她惋惜,距离成功就那么近了。她对着众多的媒体大声说:"不是我为自己找借口,如果我知道距离目标只剩100多米,我一定可以坚持到底,完成目标的。"

启示:目标指引成功,目标是我们人生之舟的航向与明灯,没有它们的指引,我们就无法达到成功的彼岸。

朗诵:目标

有一个未来的目标,总能让我们欢欣鼓舞,就像飞向火光的飞蛾,甘愿做烈焰的俘虏。

四 成功篇

在默默奋斗的日子里,谁能说得清,什么是甜,什么是苦。只知道,确定了就一无返顾。

三、如何制定目标?

故事:冠军的秘密

1984年,在东京国际马拉松邀请赛中,名不见经传的日本选手山田本一出人意外地夺得了世界冠军。当记者问他凭什么取得如此惊人的成绩时,他说了这么一句话:"凭智慧战胜对手。"两年后,意大利国际马拉松邀请赛在意大利北部城市米兰举行,山田本一代表日本参加比赛。这一次,他又获得了世界冠军。记者又请他谈经验。回答的仍是上次那句话:"用智慧战胜对手。"

10年后,这个谜终于被解开了,他在自传中是这么说的:每次比赛之前,我都要乘车把比赛的线路仔细地看一遍,并把沿途比较醒目的标志画下来,比如第一个标志是银行;第二个标志是一棵大树;第三个标志是一座红房子……这样一直画到赛程的终点。比赛开始后,我就以百米的速度奋力地向第一个目标冲去,等到我到达第一个目标后,我又以同样的速度向第二个目标冲去。40多公里的赛程,就被我分解成这么几个小目标轻松地跑完了。起初,我并不懂这样的道理,我把我的目标定在40多公里外终点线上的那面旗帜上,结果我跑到十几公里时就疲惫不堪了,我被前面那段遥远的路程给吓倒了。

启示:实现大目标,在现实中,我们做事之所以会半途而废,这其中的原因,往往不是因为难度较大,而是觉得成功离我们较远,确切地说,我们不是因为失败而放弃,而是因为倦怠而失败。在人生的旅途中,我们稍微具有一点山田本一的智慧,一生中也许会少许多懊悔和惋惜。

问题:针对自己的薄弱学科打算怎么办?(略)

四、如何实现目标?

故事:我的眼里只有它

有一位父亲带着三个孩子,到沙漠去猎杀骆驼。他们到达了目的地。父亲问老大:"你看到了什么呢?"老大回答:"我看到了猎枪、骆驼还有一望无际的沙漠。"父亲摇摇头说:"不对。"父亲以相同的问题问老二。老二回答:"我看到了爸爸、大哥、弟弟,猎枪、骆驼还有一望无际的沙漠。"父亲又摇摇头说:"不对。"父亲又以相同问题问老三。老三回答:"我只看到了骆驼。"父亲高兴地点点头说:"答对了。"

启示:一个人若想走上成功之路,首先必须有明确的目标。目标一经确立后,就要心无旁骛,集中全部精力,勇往直前。明确的目标是成功的关键,盯住它不能有丝毫的放松,可以减少很多成功的障碍。

故事:肯德基

在美国的肯德基州有个65岁的老人,身无分文而且孤身一人,当他拿到生平第一张救济支票时,金额只有105美元,生活非常潦倒。他有一条炸鸡秘方,他决定销售他的炸鸡秘方来赚钱,随之他便挨家挨户地敲门,开始的时候,没有人相信他,拒绝了他的建议,饭店老板甚至觉得听这个怪老头胡诌简直是浪费时间,而且当面嘲笑他,但那些嘲笑的话没有让这个老人打退堂鼓,他一直坚持到底,没有放弃。老人的宣传工作做得很艰难,他驾驶着自己那辆又旧又破的老爷车,足迹及美国的每一个角落。困了就和衣睡在汽车的后座,醒来逢人就推销他的炸鸡秘方,为人示范所炸的鸡肉。整整两年,他被拒绝了1009次,终于在第1010次走进一个饭店时,得到了一句"好吧"的回答。有了一个人,就会有第二个人,在老人的坚持下,他的想法终于被越来越多的人接受了。最后销售这种炸鸡的连锁店开遍全世界。

启示:实现目标要坚持不懈,百折不挠。

朗诵:坚持

坚持的昨天叫立足,我们应该在昨天就把心坚定下来,为未来立足,确定人生的方向,更为明天的成功打好基础。

坚持的今天叫进取,我们正值梦想缤纷的青春季节,就应该有积极进取之心，以进取赢得成功！进取了，就是对今天的坚持，对青春的坚持，对成功的坚持。

坚持的明天叫成功，拥有坚持，我们便不会让泪水挡住前面开阔的风景线。便不会在跌倒之后，又沿原路返回。用那坚持而不肯投降的双手打造出的，一定是一方令自己都无法不惊讶的新天地！

坚持的未来就是成功！

五、我的毕业目标？我这个月的目标？如何实现？（略）

六、班级誓言（略）

"坚持——成功就在你我眼前"主题班会

班会目的

1. 让学生回顾自己在这两个月里的努力、进步。

2. 让学生明白学习是一个长期、艰苦的过程，想取得立竿见影的效果是不可能的。要想取得好成绩必须要有持之以恒的毅力。

3. 为学生提供一个交流的平台，互诉衷肠、沟通感情、取长补短，让学生们课余互帮互助，团结一心，以取得更好的成绩。

班会过程

一、主持导入

进入初三以来，同学们都意识到这是迎接中考的关键时刻，许多同学都刻苦拼搏了两个月，希望能在期中考试中取得好成绩。现在成绩下来了，我看到有的同学很沮丧，觉得这成绩与自己理想中应得的分数差距太大。其实，优异的学习成绩的取得本来就不可能会立竿见影，学习是一个漫长而艰苦的过程，困难是人人都会遇到的，只要学生有恒心、有毅力，想把自己的学习搞好，那么，老师送给你一句箴言：坚持！成功就在你我眼前！

二、风采展现

唱班歌。

请学生说一说自己升入初三这两个月里有哪些提高、进步。

请学生说一说自己的好友或同位升入初三这两个月里有哪些提高、进步。

三、真情交流

互动游戏《学会用脑》。

让4名学生同时背10个没学过的单词，然后，立刻再给他们放一段录像（一段动画片），录像看过后再来考察学生前面背过的单词。

游戏结束后给学生介绍学习时要科学用脑。学生互相介绍自己用脑的经验。

合唱《真心英雄》。

（鼓励学生只有经历磨难才能迎来彩虹）

四、携手向前

请3名学生介绍自己克服学习中的困难，取得进步的事例。

学生说说下一阶段有哪些困难，自己打算怎样解决。

五、心灵之约

学生互相约定，齐心协力，努力向前，两个月后的期末考试取得更大的进步。

（学生郑重走到讲台前，大声说出自己座右铭和学习目标，激励自己）

六、班级誓言

全班齐背班级誓言。

班主任总结

为下一阶段的学习鼓劲铺垫。同学们要肯定自己的努力,也要明白好成绩的取得需要持之以恒的努力!

"我能行"主题班会

班会目的

通过本次班会活动,通过一些环节的设计,使班内学生充分认识自我的不足与优点,充分发扬学生的优点,使班内学生树立起自信心,使班级的凝聚力加强,并且每个同学都有自己的奋斗目标。

班会准备

1. 进行自信心测试:提前印制好自信心调查问卷(见附1)。提前一天发给学生答卷,班会前教师收齐。对学生的问卷情况进行分析。
2. 团体活动分组。将班级学生分成4人一组进行讨论。
3. 制作辅助课件。
4. 印成相关的材料。

班会过程

一、了解自我

成功学创始人拿破仑·希尔说:"自信,是人类运用和驾驭宇宙无穷大智的唯一管道,是所有'奇迹'的根基,是所有科学法则无法分析的玄妙神迹的发源地。"

奥里森·马登也说过这样一段耐人寻味的话："如果我们分析一下那些卓越人物的人格物质，就会看到他们有一个共同的特点：他们在开始做事前，总是充分相信自己的能力，排除一切艰难险阻，直到胜利！"

首先以拿破仑·希尔的话说明树立自信的重要性，引入班会。

由调查问卷的情况，引入树立自信心，"我能行"的主题。使学生明白这次班会的目的就是让同学们找出优点，树立自信，在今后的生活中快乐阳光地成长。

公布课前学生进行的自信心调查问卷的结果，根据学生的答卷情况，将班级学生分为3种类型。

A型：这类学生无论何时，总是对自己充满信心，对于什么事都持乐观的态度，明天永远是充满希望的一天。

B型：这类总是想干这个，又想干那个，但常因没有太大的把握，自信心不强，所以一到关键时候就打起了退堂鼓。

C型：这类学生对自己完全没有信心。由于做什么都缺乏自信，因此许多本来可以顺利进展的工作在手中却不能很好地完成，许多机会也因此而白白溜掉了。

二、认识自我

1. 如果说自信是成功的指向标，那么自卑就是成功路上的绊脚石，我们只有认清了自己的自卑心理才能在成功路上一帆风顺。

屏幕显示班级的自卑心理现象（找出学生中普遍存在的一些自卑现象）。

我长得太矮了，长得太胖了……

我总是害怕举手，答错问题。

我的××学科总是学不好。

我的考试成绩总达不到家长要求。

我总害怕同学笑话我。

2. 我们已经了解了我们存在的自卑心理，那么就让我们来看看这两位同学遇到了什么困难。

展示：学生表演小品

甲："要举行英语竞赛了，你怎么不去报名参加？"

乙："别开玩笑了，我怎么能行呢？"

甲：你那里不如别人呢？

乙：……

3. 提出问题：这些自卑的现象你有吗？自卑心理对我们的成长有什么危害？引发学生讨论，回答。

学生：自卑心理对我的危害很大，使我的学习成绩提高不上去，使我做什么事都没有信心……

学生：因为我的自卑心理，我做什么事都底气不足……

（4）自卑心理就是还没有开始做某件事时就已断定自己不行的情绪，它对青少年的健康成长有很大的危害。它将阻碍青少年的发展。

三、肯定自我

1. 金无足赤、人无完人，不要一味与人比高低，不要过分敏感他人对自己的评价。要对自己有一个全面的客观的评价。要多发现自己的优点。

对我们来讲，自信是成功的秘诀，我相信大家只要发掘出自己的自信，一定会成为有才能的人。

2. 屏幕展示课件：凡·高的画《星光灿烂》。

请同学们谈谈你看到了什么？你欣赏这幅画吗？（鼓励学生大胆讲出自己真实的感受）学生能说出月亮、旋风、烈火、村庄、树林等；不是很美。有的说不欣赏。

这是凡·高创作的世界名画《星光灿烂》，因为它的调色技术很高超而被艺术鉴赏家们推为世界名作。画是由很多元素组成的，如色彩、构思、形象、寓意等等，只要某一方面或某几方面突出就可能成为好作品。人和画一样，也是由许多元素构成，只要某一方面或某几方面出色就可能成为杰出的人。紧接着请同学们思考一下自己最突出的优点，准备做下面的活动。

3. 将班级学生分成4人一组，每人先自己想一下自己的突出优点和缺点。然后4人一组进行交流。组内同学先每人说出自己的优点。然后小组成员轮流被别人指出优点，每个人只对被谈论者指出确实存在的优点，要加以充分的肯定，被谈论者只允许静听，不必做任何表示。让学生注意体会被大家指出优点时的感受。体会一下其他同学提出的优点自己是否想到了。

找同学说出这时自己的感受。

剖析谈论：

听到别人说优点时第一遍的感觉怎样？

当别人反复、充分肯定自己的优点时，自己有何不同的感觉？

当别人指出自己没想到的优点时，有何感想？

这时学生明白了每人都有很多优点，要不断告诫自己"我能行"。要相信自己。通过刚才的环节，相信我们每个人都发现原来自己有那么多我们自己不知道的优点。那么就请拿出这张问卷，自信地拿起笔，看看自己是不是更自信了。

4. 学生问卷：自我能力调查表。

这时学生对自己有了一定的自信心了，通过该调查表进一步树立学生的信心。这份调查表的预期效果是学生对自己更加自信了。

班内刘华一同学平时可能不常和我们沟通，他的第一份答卷，也体现出不自信，但刚刚我看到他在社交能力上打了对勾，所以请你以后多和我们交流，不要封闭自己。

四、展现自我

自由演说，让学生结合自己的能力和成功经历，讲述自己认为最成功的一件事，谈出当时的心理体验，并分析自信是如何确立的，如何能培养自信。

使其他同学感受到成功的例子就在身边。在成功的行动中，体验胜利的喜悦，自信心不断增强。

五、超越自我

1. 学生确立自信的目标

我们树立了自信心，另外我们还要逐步学会用发展的眼光看待自己，抓住今天，追求明天。知识改变命运，今天决定未来，要想成功，目标就要适当，行动也要勇敢。

为了让学生的信心基础更为坚实，每个学生必须制定出本人的短期目标和长期目标。

然后学生之间进行交流，教师鼓励和帮助学生由一步步短期目标的实现向长期目标迈进，让看得见的进步来加固学生信心。

2. 每个同学制定一条自信的语言，班级交流。获得同学的共鸣的写在黑板上。

3. 班级制定自信的誓言，全班宣誓。

   我们是自然界最伟大的奇迹；

   我们是奇迹的发源地；

   我们是奇迹的创造者；

   我们是奇迹的收获者。

（4）由班级同学来朗读一首诗：《我是自然界最伟大的奇迹》。

自从上帝创造了天地万物以来，没有一个人和我一样，我的头脑、心灵、眼睛、耳朵、双手、头发、嘴唇都是与众不同的。言谈举止和我完全一样的人以前没有，现在没有，以后也不会有。

我是自然界最伟大的奇迹。

我不可能像动物一样容易满足，我心中燃烧着代代相传的火焰，它激励我超越自己，我要使这团火燃得更旺，向世界宣布我的出类拔萃。

我是自然界最伟大的奇迹。

我的潜力无穷无尽，脑力、体能稍加开发，就能超过以往的任何成就。从今天开始，我就要开发潜力。

我不再因昨日的成绩沾沾自喜，不再为微不足道的成绩自吹自擂。我能做的比已经完成的更好。我的出生并非最后一样奇迹，为什么自己不能再创奇迹呢？

我是自然界最伟大的奇迹。

我不是随意来到这个世上的。我生来应为高山，而非草芥。从今往后，我要竭尽全力成为群峰之颠，将我的潜能发挥到最大限度。

我是自然界最伟大的奇迹。

我有双眼，可以观察；我有头脑，可以思考。我发现，一切沮丧、悲伤，都是乔装打扮的机遇之神。我不再被他们的外表所蒙骗，我已睁开双眼，看破了他们的伪装。

我是自然界最伟大的奇迹。

自然界不知何谓失败,终以胜利者的姿态出现,我也要如此,因为成功一旦降临,就会再度光顾。

我会成功,因为我举世无双。

我是自然界最伟大的奇迹。

班主任总结

本次班会,开得很成功。在本次班会中倡导同学的全体参与,让每个同学都能感受到自信就在身边,自己有很多优点,每个同学都能受到鼓励,只要我努力,我自信,就能获得成功。在本次班会中我发现了许多同学身上我所不知道的一些优点,包括同学特长方面,与同学交往方面等等。我感觉同学的自信心的确增强了,并且班级的凝聚力增强了。开完班会的这一段时间,班级纪律明显好转,同学学习气氛浓厚。

附1:"自信心"调查问卷

亲爱的同学们:自信是我们对明天绝对的保证,它会使你对任何事情都信心百倍,也会令你更加光彩照人。那么,你想不想知道自己是否有足够自信心呢?请如实回答下面的问题。

1. 如果认为正确画"√",不正确画"×",两者都差不多或无法判别则画"0"。

(1) 如果遇到不认识的字就立刻向别人请教。( )

(2) 从朋友那儿借来东西后就不想还了。( )

(3) 如果早上起得早的话,会把家里人也叫起来。( )

(4) 如果做一件事不断出差错,你就不想再做下去,而是想另换一件事做。( )

(5) 总是喜欢和别人一起吃饭。( )

(6) 每天最少要给别人打一次电话。( )

(7) 如果心里有什么难受的事便立刻哭起来。( )

(8) 觉得自己什么时候都不能离开父母。( )

(9) 如果碰到什么困难，立刻会有人来帮助你。（　）

(10) 到现在为止还没有为缺钱而烦恼过。（　）

(11) 当我考试不及格，受到同学的嘲笑时，我会觉得很难堪。（　）

(12) 从不愿把自己的东西借给别人。（　）

(13) 你下定决心要做的事情，很难坚持下来。（　）

(14) 一旦失败会给你带来很大的打击。（　）

2. 你对自己哪方面比较满意，并有信心？请用"√"画出来，或者自己写出来。

热心助人（　）为人真诚（　）有文艺特长（　）认真细致（　）思维敏捷（　）

语言表达能力强（　）有体育特长（　）动手能力强（　）有好人缘（　）

身材、相貌较好（　）在学科比赛中取得好成绩（　）

其他的优点：

附2：自我能力调查表

在符合你的题目的括号内划"√"，在不符合你的题目的括号内划"×"。如果你还具备其他能力请填写在第9题中。

1. 我对自己的理解能力充满信心。（　）
2. 我对自己的社交能力充满信心。（　）
3. 我对自己的学习能力充满信心。（　）
4. 我对自己的表演能力充满信心。（　）
5. 我对自己的体育能力充满信心。（　）
6. 我对自己的组织能力充满信心。（　）
7. 我对自己的绘画能力充满信心。（　）
8. 我对自己的自我保护能力充满信心。（　）
9. 我还对自己的以下能力充满信心：_____

五、情绪篇

情绪与人的生活如影随形，它可以影响人们的生活、学习和工作效率，甚至影响到成绩的好坏与身体的健康。调查研究显示，当代中学生的情绪问题已经成为不可忽视而又往往被忽视的问题。在中学生的学习生活中，一定会遇到种种困难，如追求的失落、心理的伤害、疾病的伤害，又如学生成绩不满意带来的焦虑、忧郁、自卑、恼怒等不良情绪。对于不良情绪，一方面学生要学会如何消除、调节和自控；另一方面也是更重要的一方面，是防患未然，培养学生健全的情绪，有较强的耐挫能力和调控能力。

因此以"情绪"为主题的班会，目的有二。一是让学生静下心来，认真反思自己一段时间以来自己的情绪状态，是否有什么异常，如果有是如何产生的，应该怎样去调节。在学生与学生、学生与老师的交流互动中，让学生展开自己的心扉，直面内心的不满，相互安慰、一起讨论，在欢声笑语中化解内心的不良情绪。二是让学生学会科学的调节方法和预防措施。

主题设计案例

"你快乐吗"主题班会

班会目的

1. 通过学习产生快乐的心理学原理,了解快乐的来源,让学生了解快乐的境界有高低,引导学生追求高层次的快乐,逐渐摆脱低级趣味。

2. 了解学习的艰苦及人生其他一些痛苦的经历是获得真正的快乐的必经之路,从而激发学生内在的学习动力并培养积极进取的乐观心态。

3. 引导学生发现生活细节之美,学会调节情绪,调整心态,创造出快乐的人生。

班会过程

一、导入课题

今天主题班会的内容与一本书名有关。《快乐的科学》,快乐是有学问的。它的作者是德国一位著名的哲学家尼采。这本书是从宗教信仰,责任,及其他美德等方面来阐述快乐的根源。

(多媒体出示"快乐的科学"字样。让学生解读书名。得到本书的内容重点是讲"快乐"而非科学。通过解读书名导入今天的课题——快乐,多媒体出示尼采的头像,简介。)

二、分享快乐

1. 孔子三乐

今天我们不从哲学而从心理学的角度来讲快乐这个话题。尼采是西方的哲学家,他分析了快乐,那么我们东方的大哲学家大教育家——我们的老祖宗孔子有没有教我们如何快乐呢?

(提示学生回忆初一的语文课本,学生答出"学而时习之,不亦说乎?有朋自远方来,不亦乐乎,人不知而不愠,不亦君子乎?"。多媒体出示孔子画像及以上三句。)

2. 孟子之乐

另一位我国古代的大思想家教育家孟子也有三乐。他说:"君子有三乐:父母俱存,兄弟无故,一乐也;仰不愧于天,俯不怍于人,二乐也;得天下英才而教育之,三乐也。"(稍作解释)

3. 同学之乐

圣人有快乐,那么我们这些平凡的普通人又如何呢?下面同学们来谈谈你们的快乐。"独乐乐不如众乐乐",我们来一起分享同学们的快乐。请大家回忆你最快乐的事是什么?

(学生准备一分钟,然后发言。约有10~15位同学发言。教师将学生的发言归纳为亲情,友情,获奖,解难题,帮助别人,被表扬等方面的快乐。)

三、快乐溯源

刚才我们讲到自己的快乐,对比一下古代圣人的快乐会发现有许多相似之处,古今相差几千年,快乐却惊人地相似,这说明快乐是人性共同的一种追求与需要。心理学上说"快乐是当人们的需要得到满足时内心产生的喜悦满足幸福的感觉"。既然快乐是人性的基本需要,那么我们应当了解人究竟有哪些基本需要,从而了解快乐的根本来源。

第一层也是最基本的需要:生理需要。人的吃喝拉撒、健康等均属于这个层次的需要。

第二层:安全需要。目前还有不少国家处于战争中,这些国家的人民连这两层最基本的需要都被剥夺了,这就是战争的罪恶。

第三层:归属和爱的需要。吃饱喝足了,就想到成家了,因为人需要爱与被爱,亲情、友情、爱情都属于这个范围。

第四层:尊重的需要。

这个需要包括自尊及尊重他人两层意思。所谓自尊就是了解并相信自己，不因他人而随意否定自己。尊重他人，就是首先了解人与人是不同的，要站在他人的角度替他人着想，不急于将自己的想法强加于人。

举个例子：（在桌子上写一个"6"，问对面一个学生）这是几？

学生回答：9

老师：谁对呢？谁都对。这就是因为两个人所处的角度不同，看问题得出的结论就不同。所以平时要注意换位思考，设身处地地想为什么别人会跟自己有不同的看法。这样就容易理解别人了。这就是尊重他人。

第五层：认知的需要。认知在心理学上泛指一个人的感觉，知觉，记忆，思维的能力等。认知需要包括学习的需要和了解他人的需要。所以我们要背起书包来上学，来求知，就是因为我们与生俱来有求知欲，有认知的需要。

第六层：美的需要。我们追求真、善、美。其中美是最高境界。音乐、美术、舞蹈、摄影等，都是反映美、体现美的载体，所以大家要努力培养和提高这些艺术素质；而人的外表美、心灵美、语言美、行为美是这些美好素质的具体体现。

第七层也是人类最高层次的需要：自我实现的需要。指通过自身努力取得成就，或为他人付出实现自我价值。刚才很多同学提到最开心的事情是得奖，是帮助了别人，都是因为你通过努力取得了自我价值，或者为别人付出使别人得到了帮助从而也证明了自己的价值，因此你会特别快乐。

（再出示需求分层次的图片，解释这些层次的意义）

一般来说，只有当低层次的需求得到满足之后，人们才会向更高层次的需求发起"进攻"。也有无法满足低层次却能坚守高层次的追求，就更加难得了。比如战争中不为利诱坚守气节的人，比如家境贫寒的孩子刻苦求学的事迹，比如身患重病或绝症还坚守岗位的人……我们无不为之感动，因为他们的难能可贵。

综上所述，马斯洛的需要层次理论告诉了我们人性的几个基本需要。并且告诉我们这些需要是有层次的高低之分的，因而当这些需要得到满足后所产生的快乐也有境界的高低之分。当低层次的需要被满足时，产生的快乐是不会很长久的,只有当高层次的需要得到满足时,才能产生长久的快乐。下面检验同学们对需要层次论的理解。

(多媒体出示思考题:孔子三乐反映了人的什心理需要?)

学生回答出:

"学而时习之":反映认知及自我实现的需要。

"有朋自远方来":反映友情及社交的需要。

"人不知而不愠":反映自尊及尊重他人的需要。

(多媒体出示答案。其中对"人不知而不愠"反映尊重自我及尊重他人的需要学生可能不太理解,进行解释)

别人不了解我甚至中伤我,但我了解并相信自己,不生气,也不会因别人的不了解而自我否定,这是自尊;别人看问题的角度和我不同,比如刚才那个"6"和"9"的例子,就是因为我们看问题角度不同。

四、"痛并快乐着"

人们追求快乐就是希望避开痛苦。可中央电视台有个著名的主持人叫白岩松,他写了一本书,名字就叫《痛并快乐着》。讲述的是他从一个青涩的少年经过艰苦的磨练最终成长为一名优秀主持人的故事。

"痛苦"和"快乐"本是一对矛盾的概念,可为什么会"痛并快乐着"呢?同学们讨论一下,你们在生活中有没有这样的例子,是什么?

(同学们开始小组讨论,约两分钟。每个小组给出一两个例子。小组代表发言。)

下面我也给大家举几个例子:

飞人乔丹一次比赛时高烧39℃,但他坚持比赛并在比赛结束前一秒钟内奋力一投,全取3分使本队反败为胜。这个过程,乔丹痛并快乐着。

中国男子乒乓球队,7年卧薪尝胆终于重新捧回斯韦斯林杯,这个过程他们痛并快乐着。

白求恩,一个富裕的加拿大名医不远万里来到战火连天的中国,身负重伤却置之不理,冒着生命危险抢救中国的八路军,最后为中国革命献出了宝贵的生命,这个过程他痛并快乐着。

居里夫妇整整4年住在一间四处漏风的小房子里,完全靠一双手,从

8吨矿渣里提炼出了一丁点的镭,并无偿地把它捐献给了全世界人民,这个过程,他们痛并快乐着。

"铁达尼号"中的杰克把生的机会留给了他所爱的人,自己却葬生海底,他痛并快乐着。

同样是"铁达尼号"中的4个乐师,不但把生的希望留给别人,而且在渐渐倾斜的甲板上镇定优雅地为惊慌失措的人们演奏优美的乐曲,他们也是痛并快乐着。

语文课本中有一篇文章《斑羚飞渡》,老羚羊为了小羚羊的安全,甘当"羊"梯,从容赴死,这些老羚羊是痛并快乐着的。

有一年11月,深圳南山区一幢居民楼发生火灾,小孩子均安然无恙,可人们看到母亲的遗体时,她还保持着双手上举的姿势,母亲到死的那一瞬间还在奋力地抢救孩子……这个母亲临死时也是痛并快乐着的吧……

这样的例子还有太多太多……

快乐其实有很多种,简单地说,饿了,吃饱,困了,睡觉,就快乐;听个笑话哈哈一笑,就快乐。可刚刚这些令我们感动和流泪的例子中,快乐无一不伴随着巨大的痛楚,也正是这些"痛",令这些"快乐"变得如此珍贵,这些"痛"是人性最美好的东西在闪闪发光!这些快乐是最高层次的快乐。快乐和痛苦的辩证关系告诉我们在学习中只有不怕苦怕累,艰苦努力才能收获成功的快乐。"宝剑锋从磨砺出,梅花香自苦寒来","不经历风雨,怎么见彩虹"说的都是这个道理。

五、寻找快乐捷径

当我们了解到快乐之源,我们就可以去主动追求和创造快乐。可人生的不如意是很多的,有时还经常可以看到同一件事,不同的人有不同的感受。这说明快乐与每个人的内心有关。因此如何快乐还需要我们去学习。心理学家有以下的建议:

1. 培养乐观的心态——懂得事物的两面性,要积极寻找光明面

(多媒体展示漫画《半瓶油》)第一个人开心地说:"呀,还有半瓶!"第二个人则愁眉不展:"哎,只有半瓶了!"同一个事实面前,前者乐观,后者悲观,完全因心态不同。乐观者,能不断发现生活的亮点,开开心

心；悲观者，总怨天尤人，庸人自扰。乐观心态者，总能发现生活细处的美好，看到希望，能苦中作乐，生活渐入佳境。心态消极者总在吃烂苹果，永远无法品尝生活的甘甜。

2. 进行积极的自我暗示

心理学说希望就是人积极的自我暗示，它可以增强自信与自制力，从而激发人的潜力。而消极的自我暗示将导致自卑乃至绝望，危害相当大。保险公司的员工每天工作的第一件事就是大声喊出："我能，我行，我可以！"用以鼓励激发自己。那些成绩暂时落后的同学就应该采用这个方法不断增强自信心。

3. 树立坚强信念，并努力奋斗

海伦·凯勒身残志坚，不懈奋斗，终于成为伟大的教育家、文学家，她的人生充满了光明。试想如果不是凭信念支撑，她的人生将毫无快乐可言。快乐是一种性格，一种思想，无论面对任何困难，它都会在你的心里发出一种声音：扼住命运的喉咙！催你进取，引你向上。

4. 音乐疗法

不同的音乐给你不同的心理暗示，并通过调节你的神经来缓解你相应的心理问题。

5. 阅读疗法

音乐和阅读将引导你进入心灵的宁静状态。

6. 运动疗法

在运动中可以极大地感受力量带来的快感，产生精神愉悦，并通过大量流汗排解体内毒素，从而调节心理健康。

7. 大自然疗法

广阔的大自然是人类最好的老师：大海教会你包容与宽容；高山教会你庄严与坚毅；辽阔的草原使你心胸宽广；而森林的神秘与丰盛；或柔美或壮阔的江湖无不让你心旷神怡。在大自然面前你会忘却一己之忧，学会悦纳自己，学会抛开私见，从而得到心灵的洗涤与无穷的启发，得到健康积极的心态。所以多去旅游或者闲暇时出去踏青郊游都对调节心理健康很有帮助。

8. 倾诉疗法

外国人经常去教堂向神父祷告,忏悔,中国人也有自己的"神父"——心理医生。另外,通过与朋友聊天、写日记等都是行之有效的方法。

9. 食物疗法

深海鱼、香蕉、菠菜等。通过调节生理机能改善心态。

10. 兴趣疗法

高雅的兴趣爱好往往可以使你的生活充满情趣,不至于在情绪低落时钻牛角尖,可以在高雅的兴趣爱好中获得平衡与调节,从而得到快乐。

班主任总结

今天我们一起探讨了快乐的来源,快乐的方法,知道了快乐是要靠我们自己追求得来的;最大的快乐往往包含着巨大的痛楚,这是获得快乐必然的代价;快乐的境界有高低,我们应当追求高层次的快乐,逐渐摆脱低级趣味。同时,我们还应为别人创造一个快乐的环境,这也将成为我们自己的快乐。愿每一位同学都有快乐的心态,拥有快乐的人生!下面我们一起来欣赏周华健的一首歌《真心英雄》,让我们再次从歌词和画面中去感受和体会"苦与乐"吧。(多媒体播放《真心英雄》VCD)

"如何面对压力"主题班会

班会目的

当今大多数中学生由于面对巨大的学习压力而导致的一些心理压抑现象较多,这已影响到中学生的心理健康。通过此次活动,让学生了解如何面对压力,化压力为动力,从而营造良好的学习氛围。

班会过程

大家好！今天我们开一个主题班会——如何面对压力。

一、引题

师（出示两张"人"字卡片）：这两个字念作什么？

生："人"。

师：对，但是大家发现这两个字有什么问题吗？

生：一个右边的一捺太短太细，另一个字的一捺又太粗太长了！

师：很好，这两个字从整体看，给人的感觉是不协调。哎！有的同学已经在嘀咕了，我们今天又不是来上写字课的，怎么跑题了呢？不！没跑题，谁能说说我们今天要讨论的主题与这两字有什么关系吗？

生：字如其人，如果一个人承受了太大的压力，就会出现不平衡的发展，从而出现不协调的现象，就像这两个字一样。

师：请坐，说得很棒！（出示另一张卡片"人"）这是人字的正确写法，我们也可以把它看成一个身心都健康发展的人。当一个人承受了太大的压力，而又得不到适时的疏通，往往会出现心理压抑，久而久之，就会变成像刚才那两个字一样，内心失去平衡，甚至会出现心理问题。据联合国国际劳工组织的一份调查报告表明：压力所造成的心理压抑已成为21世纪最严重的健康问题之一。事实上，近几年，一些学生由于心理问题而导致的离家出走，自残，甚至自杀的现象是时有耳闻。

以广东为例，2005年3月22日，高明市某中学的5名女生因为学习压力太大而在教室里用刀片集体自残，其中一名女生竟在手臂上割了28刀！5月9日，深圳一名年仅12岁的小学生也是因为学习压力太大，在留下了一份遗书后，爬上自家楼上的天台，跳楼自杀身亡。除此以外，每年由于压力大而在中考中发挥失常者也不在少数。可以说，由于压力大，尤其是学习压力大而导致的心理问题已成为影响我们每一位学生健康成长的关键。

因此，面对压力，我们该怎么做？这也成为大家非常关心的问题。那

五 情绪篇

么，我们今天就一起来探讨一下"如何面对压力"。

师：要解决这一问题，首先我们得先弄清什么叫"压力"。

生：（发言略）

师：对于压力，不同的人会从不同的角度做出不同的定义：

1. 物理学指垂直作用于物体表面的力，如气压，血压等。

2. 制服人的力量，强迫人就范的力量，如舆论压力。

3. 承受的负担或过重的负担，如工作压力，学习压力等。

既然太大的压力会造成那么严重的后果，我们为什么不来讨论一下如何"消除"压力，而要讨论如何"面对"呢？把压力消除掉，行吗？

生：不行。

师：为什么？

生1：没有压力就没有动力。

生2：没压力会使人变懒散，会堕落的。

师：其实，压力无处不在。很简单的一个事实是：人都生活在大气中，一呼一吸就是压力在发生作用，你说这种压力能消除吗？而要想逃避这种压力，只有一种人可以做到，那就是——死人！

所以，人活着就会感到压力。没有人对压力是可以"免疫"的，不管你喜欢与否，压力每天都会陪伴生活，陪伴你我。

好了，既然不能消除它，那如何面对它呢？我这边就有一位同学碰到难题了，请大家一起来帮她出出主意，也来当回心理医生。

二、双簧表演

第一幕：考前两周

灵臻坐在桌前，翻了翻日历，心想：糟糕，还有两周就要期中考试了。我这数学怎么总也做不完呀！哎！烦，烦死人了！（打哈欠）怎么总是这么困呀！不做了，睡觉去。突然，看到墙上的挂钟，想：不行，还是继续努力吧。要不然，又要考砸了。哼！这回再考不好，我就不活了！

第二幕：考前半小时

完了完了，再过半小时就要考数学了，我怎么还有这么多题没看完！怎么老口渴呀！都喝两瓶水了。得抓紧时间再看几题。糟！怎么又想上厕所了，这可是第三趟了！（叮铃！）不紧张，不紧张，深呼吸，吸……呼……吸……呼……

第三幕：考试中

深呼吸，然后稳定情绪，开始答题。

糟糕！怎么才第三题就不会做了。

没关系！老师说过：先易后难嘛！对！先做后面，呆会儿再回过来做！（继续答题）哎呀！又一道题不会做（开始紧张）然后抬起头环顾一下周围（突然显得很紧张）想：完了，别人怎么都做到第二面了，我不仅第一面没做完，而且还有两题不会做，这下可完了！

第四幕：考试后

战战兢兢地，闭着眼睛接过老师发下来的卷子，经过几次深呼吸后，才缓慢地睁开眼睛，瞄了一下卷子，突然揉了揉眼睛，怎么也不敢相信自己才考了42分，气得把卷子揉成一团，塞到抽屉里。痛苦的趴在桌子上，哭了起来。想：为什么每次我的付出与劳动总不能成正比呢？看来我根本不是一块读书的料，回家怎么向妈妈交代呀！

这时，拿出一张纸，伏在桌子上写了起来：遗书……

三、讨论

师：大家说，这个小品演得好不好？

生：好。

师：好在哪里？

生：能真实反映我们考试前后时的心理活动。

师：那我们来交流一下。当你碰到类似小品里4个场景中的某一个时，你的心态或表现是什么样的？

生：（学生积极发言）

师：看来在压力面前，特别是考试前，大部分同学都会出现不同程度的紧张，那么同学们，当你也像小品中的主人公一样考砸了，你是怎么办的呢？

生：（学生发言略）

师：很好，同学们都懂得调整自己的心态，并积极备战下一次考试。

五 情 绪 篇

可是，我们小品中的主人公最终是如何解决压力的呢？

生：自杀。

师：大家说这种逃避压力的方式可取吗？

生：不可取。

师：为什么，死了不一了百了吗？

生1：就因为数学考试考了42分就自杀，那太不值得了。

生2：死了就看不到美丽的明天了。

生3：如果死了就对不起养育自己的父母。

师：对，你要是死了，真正痛苦的是你的父母。想想他们的养育之恩，你不仅没有报答他们，反而让他们一辈子生活在痛苦中，于心何忍呀！所以，日后无论你承受多大的压力，你都要坚强地活着，为了父母，更为了自己，说不定拐个弯就能见到太阳。既然不能自杀了，那么大家来帮她分析一下：当数学考卷发下来时，她该怎么办？

生：她应该先找找原因，为什么会考不好。

师：对！那同学们说说她为什么会考不好呢

生1：她考前太紧张了，心理素质太差了。

生2：数学是不能突击的，但她在考前5分钟还在突击看题，这样只会让她更紧张。

生3：她应该在平时加强数学练习，而不是一做数学题就心情烦躁。

生4：她对自己太不自信了，她一看到别人做到第二面了就那么紧张，其实说不定别人前面的题目也有很多不会做呢！

师：大家讲得都非常好，其实我们可以发现，小品中的主人公之所以考不好的关键原因是她很不自信，所以，当你面对巨大的压力时，首先，应树立自信心，才能战胜压力，而这种事例相当多，我们课前让大家各自找一些例子，现在来交流一下，看看别人是怎么面对压力的。

生1：英超级富翁理查德·布兰森少年时患有读写障碍症，他很难将精力集中在书本上，学业毫无进展。布兰森看到了自己的弱点，他想读书不适合自己，但这个世界肯定有自己乐意干而且能干得很好的事情。于是，16岁的他选择退学，去伦敦开创自己的事业，他用母亲给的4英磅创办了《学生》杂志。几年以后,《学生》成了当时全英最具影响力的青年杂志之一。

这个故事告诉我们:当你因自己某方面的缺陷而自卑时,不妨对自己说:"我知道自己的缺点,但这个世界上肯定有自己乐意干而且干得很好的事情,只要你充满信心就一定能取得成功。"

生2:我讲的是一篇寓言故事。从前一位老翁和一个孩子牵一头驴子驮着货去卖。货卖完后,孩子骑驴回来老翁跟着走,路人责备孩子不懂事,叫老人走路。他们便换了一下位置。但旁人又说老人心肠太狠,让孩子在地上走。于是老人急忙把孩子抱到驴背上。后来看见的人却说,他们太残酷了,两个人骑在毛驴上,两人只好下来牵着毛驴走。走了不远,又有人笑他们,说他们是呆子,有现成的驴却不骑。于是老人对孩子叹息道:"我们只好抬着驴走了。"

这个故事告诉我们:一个理智的人,对别人的建议应认真分析,吸取其中有益的、合理的部分,不可道听途说,盲目照办。别人的规劝无论其出发点是善意还是恶意的,我们都应深思慎取,但如果一律从谏如流,则"要"抬着驴子走。

生3:1926年,刚刚进入三菱集团的大村文年就立下了豪言壮语,一定要成为这家公司的总经理。他凭着旺盛的斗志与惊人的体力,数十年如一日,孜孜不倦的工作。他在毫无背景的情况下,完全凭借个人实力,终于在35年后当上三菱矿业的总经理。在三菱集团,未到60岁就成为公司的总经理,可以说是史无前例。大村文年的就职使日本工商界大为震惊,人们纷纷为他的魄力和精神所折服。这个故事告诉我们,面对压力要学会自我激励,而高度的自我激励,正是指引大村文年登上总经理宝座的法宝。

师:你看,这些人要都像我们这位主人公一样,那不就……在压力面前,除了要树立自信心,大家觉的还应该怎么做呢?

生1:找朋友倾诉。

生2:她应该行动起来,更发奋学习,而不是大哭,更不应该自杀。

师:很好。当你碰到难题时,不应该自己钻牛角尖。不知大家发现没有,如果我把两个不太协调的"人"字并排在一起,会成为一个新字——

"从"。如果再把"人"字放在"从"上面,就会变成另一个新字——"众"。同学们能从中得到什么启示吗?

生:(略)

班主任总结

很好。孔子说:"三人行必有我师焉。"经调查发现,那些心理压抑者往往是一些不合群,人际关系处理不好的人。所以,多与人沟通,与人合作能够起到缓解压力,战胜压力的作用。你可以找一个与你同病相怜的人倾诉,互相勉励;也可以求助于一个比你优秀的人,往往会有一个意想不到的收获。

所以在压力面前,你首先要自信,要坚强;其次,碰到难题时要懂得向他人求助,与人沟通,与人合作。

除此以外,在学习上不要给自己的定位太高,也就是你的期望值与你的现实水平之间的差距不要太大。否则希望越大失望也越大。最后,考试时应以一颗平常心去对待,"战时如平时";而且适当的紧张是有好处的,毕竟"有压力才有动力"嘛!

战胜压力的方法还有很多,除了我们今天所讨论的以外,同学们应该因人而异,具体问题要具体分析。但我相信要战胜压力,有两个最重要的法宝——自信与合作。

"分析自我,调整自我"主题班会

班会目的

1. 通过活动使学生明白真实的自我有优点和不足两个方面。
2. 学会正视自己的优点和缺点,克服自傲、自负、自卑等心理。

3. 培养学生分析调整自我的能力。

班会准备

教室布置，将桌椅转移位置，使之在讲台的两侧。留出中间的空位，以便行走。

班会过程

班主任致辞：我们班是一个团结友爱，上进的班级，经过了半个学期的努力，大家都或多或少的有所进步。但是大部分的同学还是或多少多的存在着厌学的现象。为了我们在以后的日子里更好地学习，深刻了解厌学的危害性及自信的重要性，我们班特地搞了这次的主题班会。下面宣布主题班会开始。

同学们，只有正确认识自己，调整自己，才能建立自信。只有自信，我们才能实现自己的目标。大仲马说："自信和希望是青年的特权。"高尔基也说过："只有满怀自信的人，才能在任何地方都怀有自信地生活，并实现自己的意愿。"

下面这个活动，我们鼓励各个同学争先恐后表现自己。（各人说出赞美自己的话不少于5句，缺点1句）

学生发言

精力旺盛　热情　沉着冷静　求知欲强　遵守纪律　善于思考　细心大度

爽朗　谨慎　想象力丰富　独立　随机应变　诚实　乐于助人

拥有多方面的才能　父母关心体贴　拥有自己珍爱的物品　喜欢音乐、美术等

诚实　害羞　有礼貌　乐于助人　可靠　快乐懒惰　有进取心　整洁

身体健康

合群　勤奋　认真　幽默　好幻想　孤独　爱表现　果断　勇敢　有毅力　谨慎

学生将自我欣赏公布于众，让同学倾听及评价。

师：通过刚才的活动，我感到很高兴，大家都有那么多优点且被大家认可，我为你们而骄傲，那同学们能不能谈一谈认识自己的优点会有什么好处？

学生分析：能帮我们树立自信；能帮我们找到自尊自信的支点；能多创造成功的记录，能更好的发挥潜力。

师：你的优点你知道了，你的缺点你是否也清楚呢？请大家说一说。

（学生自由发言）

师：认识缺点有必要吗？为什么？

学生发言：不认识自己的缺点，容易因自负而失败；优点可能会受到缺点的影响；只看优点，不看缺点，就会听不进别人的批评；就会骄傲；只退不进，失去尊严。

师：我们既要正确认识自己的优点，又要正确认识自己的缺点，可总是有一些同学老是抓住自己的缺点不放，只看到自己的缺点，只拿自己的缺点去和别人比，这样的结果是什么呢？

学生分析：容易形成嫉妒虚荣的心理；容易形成自卑心理；形成消极情绪。

师：那就请你伸出你那双温暖的手，帮这些同学出出主意，告诉他们怎样改变这种不良心态。

学生发言：我会告诉他：尺有所短，寸有所长，每个人都有长处和短处；正确看待自己的缺点，想办法改正；根据自己的实际情况不断调整自己的参照标准；要比自信，比勇气，比前进的方向。

班主任总结

每个人身上都有或多或少的优点，那是金子。只要是金子，无论散落在那里，都会闪闪发光。但我们也不能拿放大镜来看自己的优点。每个人身上的缺点，就像一条蛀虫，慢慢侵蚀着我们的肉体和灵魂。我们每个人都应该有勇气正视缺点，并努力改正它。大海不拒百川之水，才变得浩荡；泰山不拒细小沙石，才变得高大；蜜蜂采百花之精华，才酿出最甜的蜜；我们取长补短，才能健康全面地发展。

"凤凰涅槃——如何解决厌学问题"主题班会

班会目的

1. 通过班会，引导学生正确认识自我。
2. 针对部分同学厌学不自信的现象，进行心理学方面的分析。
3. 增强其责任感，珍惜今天的学习环境，严格要求自己，激发学习热情。
4. 帮助学生摒弃厌学习惯，使他们明白知识的积累、能力的培养是成功的前提。

班会准备

1. 针对班上所存在的问题，召开班干部会议。
2. 围绕"凤凰涅槃——如何解决厌学问题"收集相关资料。
3. 邀请学校心理咨询室主任参加班会并提供支援。
4. 设计多媒体课件。
5. 利用星期二的班会课对学生进行心理测试。

班会过程

主持人发言：每个人的一生中有许多个阶段，高中阶段是一个正值身心迅猛发展的黄金阶段，高中生有成功的喜悦，有失败的苦楚，有追求的充实，有友爱的温馨，也有挫折的迷茫。作为高中生的我们，愉快的体验往往给我们带来信心与前进的动力，不愉快的体验往往使我们沮丧与烦躁，然而，日积月累就形成了心理障碍，久而久之便造成了心理疾病。这些可怕的困惑围绕着大家，使我们离学业的成功越来越远，最后就影响到我们今后的人生道路。接下来，我们来看几个很典型的高中生因厌学问题而导致犯罪的案例。

典型案例1

林某学习基础差，上课听不懂，下课不想学，导致对学习没有信心。而且学习目的不明确，容易受网络游戏的影响，把本来应该集中在学习上的注意力转移到其他爱好上。再加上父母对孩子过于溺爱，不忍心对孩子严格教育，对孩子的管教和约束力度不够，导致林某出现厌学心理。今年3月11日晚，林某在网吧里玩一种用刀捅人的暴力游戏时，由于他技术欠佳，每次都被人捅倒，坐在林某旁边的一名年龄相仿的少年陈某也在玩同一游戏，陈某忍不住对林某冷嘲热讽。在网络上杀红眼的林某当即火冒三丈，因他平常专打血腥暴力的游戏，操起网络刀剑或枪炮，冲上去就杀他个天昏地暗，鲜血淋漓，不杀死对方就决不下网线，沉浸在暴力游戏中不可自拔。结果他抓起网吧老板的菜刀，砍断陈某的脖颈，砍断网吧老板手臂，致使一死一伤残，铸成悲剧。最后直到警方赶到现场，林某才惊醒："我是不是杀了人？会不会坐牢？"

典型案例2

周某是个自控能力差，学习目的不明确的孩子，上课不认真听讲，睡觉，作业拖拉，敷衍了事，甚至出现抄袭现象；常常考试作弊，违规违纪，对老师的批评和教育无动于衷，甚至产生逆反心理和对抗情绪，其家长希望自己的孩子将来有出息，有前途，于是在学习上要求自己的孩子能够考出好成绩，能够超越别人。因此一旦考不好，就不分青红皂白，也不管是客观上还是主观上的原因，不是打就是骂，给孩子增加了心理压力，因而孩子不堪重压，自尊心受损，厌学的情绪随之产生，对其家长的严加管教不服，不仅厌学，而且产生对抗心理，最后一气之下，选择了向世上最亲的家人投毒。某日晚上，他用牙签瓶装了甲胺磷，趁母亲切土豆时，将甲胺磷倒进烧肉的铁锅中。最后导致一死一重伤。

上述两例血淋淋的铁证告诉我们，中学生的心理问题是一个不容忽视的问题。所以面对社会上普遍的厌学现象，再针对我们班的厌学现象，我们邀请到了学校心理咨询室的林主任来我们班进行有关于厌学的心理成因的报告。

林主任发言。林主任主要从来学校学习的目的和意义，如何认识读不好书的问题两个方面阐述。

典型案例3　单一学科厌学

某中学三年级学生，其问题是物理学习严重困难，并且最近一次物理考试只得了27分。而该生却是努力学习的学生，并且在班里曾经是学习相当不错的学生。班级按照成绩排座位，该生曾经排在第三排的好位置。由于某次考试成绩下降，老师把好的座位向后排了一排，到第四排。该班老师这样做的目的是激励她：重视物理，别骄傲！

但这导致该生的消极情绪，一上物理课或见到物理教师都情绪低落，无精打采。过一段时间以后该生对这件事似乎确实已经"消气了"，不那么在乎了，可却出现了一上物理课就心情沉重，容易疲劳的现象。在下一次考试到来时，她的物理成绩又下降了。于是，老师又把她的座位向后排了一排。她的情绪更低落了，终于有一天，她的座位排到了最后一排；她的考试成绩也降到了班级最低分——27分。

此类厌学学生在思想上都能够认识到自己当前努力学习与自己未来前途、命运等方面的关系，有的甚至有较好的学习习惯。学科性厌学只对某特定学科的学习产生厌烦情绪。往往是由于某些偶然刺激导致消极情绪反射形成的。如：师生感情冲突，课堂情绪挫折，考试严重失利等刺激都可能导致其对该学科的课堂学习、作业练习等产生厌烦反应，严重者连听到

五　情绪篇

这个学科的名称都心情烦躁。

典型案例4　过敏性厌学

范某本来是班级的学习尖子生，成绩最好时曾经排在班内第二名，后来该生语言成绩莫名其妙地大幅下降。于是，班主任老师一再地督促她的语文学习，但仍无济于事，语文成绩还是一降再降。后来班主任在一次长谈中得知，原来范某只是因为看不惯语文老师上课爱笑的习惯，就使得她不爱上语言课。后来她过敏性地厌烦语言老师上课时爱笑的行为，越来越怕这位老师笑，偏偏这位老师越来越爱笑，在初中毕业考试时，她的语文成绩刚刚及格。

范某这种过敏性情绪反应，从表面看，似乎这些学生的厌学情绪障碍形成得有些过于敏感，事实上，如果深入了解，就会发现这类学生身上一般都存在不同程度的焦虑症或抑郁症的某些特征，并把这种消极情绪投射到某些不易为别人注意的小事上，因而就对这些小事产生焦虑情绪反射。

过敏性，即一种在学习情境刺激下产生的下意识的较强烈痛苦的情绪反应行为。有过敏性厌学的学生对上学接触老师、提问、父母唠叨等，常常是过敏的。

过敏性厌学的学生在其所厌烦的学科学习过程中，一般都能体验到极大的过敏性痛苦情绪。多发生于上进心强，学习自觉性高的学生身上，其中又以女生居多。她们一般是积极努力学习，急于取得成效的学生，当其产生厌学行为后，一方面感到很深的恐惧、担忧，另一方面总是逃避对自己厌学的学科的学习。而恐惧担忧与逃避行为又加深了这种厌学行为的痛苦体验。

典型案例5　潜意识条件性厌学

某初中二年级学生，身高体健，性格开朗，精神饱满并情绪乐观。就这样一个身心健康得让人羡慕的学生，上课从来不能专心听讲，每到自习做作业时，总是连10分钟都坐不住，频频地动来动去，一会儿要上厕所，一会儿要喝水，一会儿摆弄东西，一会儿打扰别人……晚上做作业时，只要一看见书桌上的台灯时，便开始感到心慌，感觉两肩沉重，背部酸痛，肩膀总是不停地动来动去。

从任何一个常规刺激下形成厌学或恐惧行为的学生,或在整体心理健康方面,或在早期经验方面,有某种潜在的其他因素的互相配合,才导致了严重厌学或恐惧学习行为。那些有早期情绪挫折经验的人,他们的早期情绪挫折经验更容易作为原有情绪经验的固定点,来同化新的情绪挫折,形成新的更为严重的心理障碍。

典型案例6　非过敏性厌学

李某在小学时就是那种典型学习困难学生,学习成绩在班级第十名到第二十四名之间波动。上初中跌到班级第二十九名,最后连普通高中都没有考上。其父母托人帮忙,又多花了一笔"特殊学费",才勉强地进入私立高中就读。起初她想要奋起直追,可是,无论如何也追不上,后来成绩连连下跌。大大小小几十次考试,都是失败!分数一次比一次低。

非过敏性厌学不只是对某个学科表现出轻度的不适反应,多以心烦为主要体验,但体验不到极端的痛苦。这类学生中有一部分是长期学习落后并比较认同现状的学生;另一类是在经过长期努力之后进步不明显或有所退步,信心不足而情绪低落者。

主持人发言:看到总结的几条厌学的种类,似乎让我们觉得似曾相识。我们都心痛与沉重。而且现在距离中考仅仅只有一年半的时间了。说长不长,说短不短,我们该以怎么用的状态去迎接中考呢?是继续这样浑浑噩噩的过去还是以更加积极的态度去面对?经过老师和班委的商讨,我们总结出了几条缓解厌学情绪的措施。现在与大家分享:

1. 如何缓解学业焦虑

选择适合自己的目标动机水平,过强或过弱的动机水平都容易使自己产生失败体验而导致心理压力。

未来对于每一个人来说都是一个未知数,不要过多地担忧将来的事情,而应将自己的精力和时间投入到现实的生活和学习中去。

2. 正确看待信心问题

(1) 对自己有一个客观,全面的评价;

(2) 体验内心的喜悦感和成就感,要相信之所以失败是由于自己努力不够或无效努力;

（3）不妨制定阶段性目标；

（4）在不断达到目标的过程中体验成就感；

（5）增强自信心；

（6）乐观，平静地对待挫折，因为挫折对于成功同样是必要的。

3. 怎样克服精力分散

第一步，当出现某种厌学情绪时，应敏感地意识到，并提醒自己不能成为情绪的俘虏。第二步，尽快着手按已定的复习计划学习。第三步，继续学习，直到完成。

班主任总结

听了林主任精彩的演讲，我们受益匪浅。在大千世界里，遇到不如意的人和事数不胜数，那么我们是浑浑噩噩地度过还是该以一种积极乐观向上的态度去面对它呢？现如今我们这一代普遍与家长存在着代沟，所以建议大家多去心理咨询室坐一坐，与林主任聊一聊。通过这次班会课，我们班又应该以一种什么样的面貌去面对以后的课程，我们拭目以待，期待着转变。也请在场的所有老师做个见证，在今后的学习生活中，我们要把"文明高雅，乐学善思"的班训发扬光大！

六、人际篇

　　人际关系是指社会人群中因交往而构成的相互联系，属于社会学的范畴。就中学生而言，他们的人际关系主要指学生之间的关系，学生与教师之间的关系以及学生与各自家庭成员的关系。进入中学阶段，青少年的自我意识逐渐发展成熟起来，对友谊的渴求和社会归属感逐渐增强，良好的人际关系开始成为影响中学生个人健康成长的重要因素。一个人如果能生活在一个温馨的人际环境中，同父母、同学、老师建立起和谐的关系，他就会消除孤独感，产生安全感，保持情绪的平静和稳定，在学习、生活上都会保持良好的状态。否则，就会感到孤独和压抑，不利于身心健康的发展。

　　从学校和家庭两个方面来讲，开展有关人际交往的班会活动都是很有必要的。教师可以利用这样的机会了解学生的人际关系状况，了解班集体存在的问题和矛盾，了解学生遇到了哪些问题，有的放矢，指导学生建立良好的人际关系，帮助学生与他人友好相处，在学校里能快乐地学习，在家庭中能幸福地生活。

主题设计案例

"受欢迎的人"主题班会

班会目的

通过"受欢迎的人"的讨论,帮助学生认识到:
1. "受欢迎的人"有哪些优良品质。
2. 怎样提高自身修养以增强人际吸引力。
3. 怎样以积极的态度进行人际交往。

班会准备

1. 人缘自测量表——测测你的人缘。每人一份。
2. 选举用的白纸。

班会过程

(播放臧天朔歌曲《朋友》)

主持人:在日常学习和生活中,同学们要经常与人交往,我们常发现有的人有很多的朋友,无论和什么人打交道总能赢得别人的好感,这种人在工作和生活中是愉快的,是成功的,他们心情开朗,善于尊重、理解、信任和宽容他人,容易与人保持融洽和谐的关系。但是有的人就不是这样了，他们不善于与外界交流，孤僻、嫉妒、猜疑，很难与人相处，经常感到孤独无助，对生活和学习产生厌倦。

人都希望自己的朋友多，这是正常的心理需要，人们渴望在交往中获得满足，成为受欢迎的人，在我们的班级中，有哪些同学最受欢迎呢？

一、选举班级"最受欢迎的人"

让全体学生以无记名的方式推选出班级人缘最好，最受欢迎的人3名。

1. 教师将准备好的选票发给学生。
2. 每组第一个同学统计好本组的选票，然后再进行全班统计。
3. 教师宣布班级最受欢迎的人名单。

二、讨论并归纳出拥有好人缘的最重要的品质

首先是真诚。真诚是一种崇高的道德情感，就是真实、诚恳、不虚假，当同学有危难需要帮助时，伸出援助之手。真诚是联结感情的纽带，是建立信任的桥梁，只有真诚相待，才可能获得真正的友谊，交到真正的朋友。

其次是守信。守信，别人才能放心地同你交往，才可能乐意为你做事。现在是商品社会，要做大事业，守信是第一准则，如果没有信用，别人就会对你敬而远之，事业也不会取得成功。再次要平等待人。一是要尊重对方，不要自命清高，看不起对方；二是不要自卑，看不起自己，如果连你自己都看自己不起，别人又怎么会看得起你？只有自尊才能赢得别人的尊敬，才能平等地与对方交往，获得真正的友谊。

此外，随时监督并抑制自己的嫉妒心理。嫉妒会使人产生不平衡心理，失去了取长补短的机会，又伤害了彼此的感情。

主持人：这些同学为什么受到大家的欢迎？下面自由发言。

同学1：某同学他学习好，平易近人，我有不懂的问题总喜欢请教他，他每次都耐心解答。

同学2：某同学他为人大方，肯帮助人，有时家里带来东西总是分给大家吃。

在同学的发言中基本可以体现品德、性格、能力在人际交往中的作

用,如果有些关键品质没有在同学发言中体现,老师可以帮助学生找出来。在此基础上教师可出一个题,让学生举一反三:

如果你学习好,其他能力也不错,你将会:

A. 瞧不起别人,不愿意与比自己差的人在一起。

B. 担心别人超过自己,不愿意帮助同学解答问题。

C. 热情帮助别人,平易近人,希望别人都能够进步。

你认为哪一种做法好,为什么?

同学:A做法不可取,孤芳自赏,会失去朋友。B做法也不可取,这类同学常有嫉妒心理,难以广交朋友。C做法好,这类同学是大家喜欢和敬佩的人,他的朋友会越来越多,友谊也能够保持长久。

三、测测自己的人缘

主持人:从以上讨论我们充分体会到在现实社会中人际关系是非常重要的,下面我们做一个测验来测量一下你的人缘怎么样。在与同学的交往中,你是否存在某些不利于友谊的缺点呢?(发给每个学生一张《人缘自测量表》,让学生认识自己受欢迎的程度)

班主任总结

从今天的评选和讨论我们体会到,人缘好的人一般都具有优良的品行;热情、开朗、随和的性格;广泛的兴趣和较强的解决问题的能力,当然也有交际方面的能力。通过今天这堂课的活动,相信大家都已经找到了自己好的方面以及今后努力的方向,祝我们班人人都拥有好人缘!

(结束时,再次响起《朋友》的音乐)

"我打扰别人了吗?" 主题班会

班会目的

1. 使学生摆正心态,纠正不良习惯。

2. 建立全面的人生观,看问题多角度思考,善于站在别人的立场看问题,不能自私片面。

3. 使学生严格要求自己,宽容对待他人,生活中多一些互相的理解,做一个心胸宽广的人。

班会过程

主持人甲:同学们,我们每天 7 点上学,4 点半放学,在学校的时间整整有 9 个多小时,在这 9 个多小时里会做出很多的事情,你们是否想过你的行为是否打扰了他人?

主持人乙:希望通过我们这次的主题班会能使同学们认真地审视自己平时的行为是否打扰了别人。

主持人(合):七年级(1)班"我打扰别人了吗?"主题班会现在开始。

主持人甲:首先请听小故事《没人监督时,他在做什么?》。

(屏显)

汪先生是一个公司的老板,儿子在美国读书。2003 年的一天,他到美国看儿子又顺便拜访了儿时一起长大,现移居美国的一个朋友。阔别多年的好友相见,自然倍感亲切,两人到酒店,欢饮到半夜。从酒店出来,两

六 人际篇

人钻进朋友车中,但朋友并没有发动车子,而是自言自语:"今天喝得不少,怕是不能开车了。"汪先生看看朋友的神情,觉得他比自己清醒得多,再看看四周,目力所及,连个人影都没有,于是他说:"没关系,你开慢点,不会有事的。我在国内就经常酒后开车,从没出过事。"朋友说:"你难得来一趟,正好借机看看美国的夜景。"汪先生觉得朋友过于胆小,但又不好争执,只得无奈地跟朋友往回走。走到半路,汪先生将抽剩的烟头随手扔在地上,令他十分惊讶和尴尬的是,朋友竟弯腰捡起烟头,走出几步,将烟头扔进垃圾桶里。汪先生终于忍不住问:"你在国内跟我一个德行,怎么来美国住了几年,就学得这么乖了?"朋友想了想,说:"别人都这么做,我怎么好意思不这样做呢?"

主持人乙:感谢×××同学带来的精彩故事,同学们,听完故事,请大家思考:没人监督时,汪先生都做了什么,你怎样评价?

(可能的回答:汪先生乱扔烟头,破坏环境;他的行为有可能会引发火灾;他想酒后驾车,可能会造成交通事故……)

主持人甲:同学们对汪先生的行为都有着清醒的认识,对于他的行为可能造成的后果也估计得较为到位,可是同学们又没有想想,汪先生他所在的地方是哪里?(美国——生答)他的行为还会带来什么更恶劣的影响?

(可能的回答:他做的事情是给中国人丢脸的事情,我们不应该做这样的人……)

主持人乙:我曾经看到有一篇文章这样写着:在外国,用中文写的标语牌,在厕所出现的频率最高,醒目地写着:"如厕后,请冲洗。"这是多么令人感到羞愧的事啊。我们说的民族气节、国家荣誉有的时候并不全都是体现在惊天动地的大事上,一个失礼、自私的小细节都可以使国家蒙羞。可是,我们周围到底还有多少个汪先生,猜测一下类似于汪先生这样的人还会做那些打扰别人,扰乱公共秩序的事情呢?

(可能的回答:乱扔垃圾;插队,随地吐痰;说脏话……)

主持人甲:看来,同学们都有一双发现问题的眼睛。这些问题对于我们来说意味着什么呢?如果我们不揭露这些问题,没有意识到这些行为的可耻性,那么我们的明天就是他们这些人的今天。这里,我们还有几个事例和大家一起探讨。

（屏显）

1. 十字路口没有警察时，经常会有人闯红灯。

2. 旅馆服务员在客人走后收拾房间时，经常会有人发现床单上有客人擦鞋留下的泥土和鞋油。

3. 花展上值班人员去了一趟厕所，回来后发现几盆花不翼而飞；几年前上海某公司举办万把红伞迎新春活动，一万把伞竟然在一夜间被洗劫一空⋯⋯

主持人乙：这个省略号给我们留下了无尽的想象空间，可是这种想象又是那么的令人难受，使我不禁想到2008年的奥运会期间，这些问题还会发生么？

生齐答：不会！

主持人甲：梁启超曾说过，"少年智则国智，少年强则国强，少年进步则国进步，少年胜于欧洲则国胜于欧洲"，我们的少年，亲爱的同学，你们有没有这样的责任感，你们的行为又是怎样的呢？

请欣赏×××等同学为我们带来的情景剧表演《我来了》。

情景剧表演：（旁白及主人公台词）

一个平常的日子，他很早来到了学校，见校门口没人监督，他大步流星地将自行车骑进学校；来到教室外，有的人在早读，有的人在询问昨晚作业的情况，只听他喊了一声"报告"，见教室里没有老师，快步走了进去，自言自语道："老师还没来呢？"他将书包重重地摔在桌子上，一屁股坐在椅子上，然后将书包塞进桌洞里，猛一往外掏书，他附近整洁的地面立刻就添了几朵废纸花。嘴里还抱怨着："妈妈怎么帮我收拾的书包，书本呢，作业呢？"他完全忽视了同学们的目光。老师来了，一切又变得那样井井有条了。第一节课上课了，他一听到上课铃就没有精神，打着哈欠说："真没意思。"趁老师转身在黑板上写字时，他又借机做起了小动作，偶尔还碰碰他的同桌，让她也看看自己的手工"作品"。

主持人甲：情景剧戛然而止，却留给了我们更多的思索。你如何评价情景剧中主人公的行为？

（可能的回答：他骑车进学校违反学校的规定；他大声说话，影响别人上早自习；在课堂上做小动作，一旦被老师发现，可能会影响老师的上课情绪；他打扰别人听课，让妈妈给他收拾书包是不对的，自己的事情应该自己做……）

主持人乙：同学们刚才说了很多这个同学的"不是"，也意识到他的许多做法是有一定的危害性，无论是对自己还是对他人。在我们的学校生活中还有哪些损人不利己的对他人造成打扰的行为呢？

（可能的回答：给别人起外号，说脏话，别人刚打扫完卫生，就有人往地上扔纸；有的同学喜欢背后议论别人，跟别人开玩笑的时候也没有分寸，到最后大家都很不开心；我们在打扫卫生的时候，有的同学一会儿进一会儿出，刚扫完的地就被他踩脏了……）

主持人甲：刚才听到同学们谈到的种种不良行为以及这些行为的危害，我相信同学们也都心有戚戚然，我们有时不得不忍受着、厌烦着，这些行为到底有多大的危害性呢？危害到达了怎样的程度呢？

主持人乙：举个简单的例子，同学们认为上课讲话只是一件很小的事，老师不值得这样大惊小怪，可是你们知道吗？一旦这种习惯养成，老师上课就一直忙于维持课堂纪律，对他的教学质量就有影响。

主持人甲：这样我们不就吃大亏了，老师有好多知识不就不教给我们了吗？

主持人乙：是呀！不光害了大家，自己上课的坏习惯一旦养成，就很难改掉，害人又害己。

主持人甲：不经意间，我们打扰了别人，有的同学却还没有意识到你给别人造成了多大的困扰。看看班里一些同学的心声，也让我们感受一下他们内心的苦恼。

（屏显）

"郁闷！又被你讽刺了，也不知道为什么你总是这么无情？为什么我有不懂的问题去问你，你总是用看不起的眼神来看我，并用激烈的话语来讽刺我，我非常无奈，非常的伤心。因为，在我心里，你是我的好朋友啊。"

"下课的时候你总是要追得我满教室跑，唉，下课比上课还累。为什么你不能让我下课看看书，问问问题呢？"

"有一只手老在我背后挠我,我知道肯定是你!又让我帮你捡东西,也不知道为什么,你的笔那么爱掉。背后的手还在,可老师正讲到关键的问题上,你知道我多么烦恼吗?听不到老师的讲解还要背上'不够意思'的黑锅。"

主持人甲:他们遭受这样的煎熬,同学们也会感同身受。那么我们无意间曾做过多少打扰别人的事情呢?下面我们做一个小调查,如果你曾经做过这样的事情,请在本子上划下小杠杠。

(屏显)

1. 起外号
2. 教室疯打
3. 学习时让人捡东西
4. 恶作剧
5. 踢别人桌椅
6. 放学打电话打扰他人
7. 自习课说话
8. 嘲笑别人
9. 作业不完成
10. 抄别人作业
11. 制造噪音
12. 校内骑车
13. 说脏话
14. 向窗外扔纸
15. 背后说坏话
16. 教学区内吃零食,上课吃东西
17. 饮水机开关不关紧
18. 在别人背上贴纸
19. 借钱忘记、不还
20. 大扫除逃跑、自己的卫生岗位不负责
21. 大风天开窗

22. 上课插话

23. 垃圾扔在垃圾箱外面

24. 忘记戴红领巾、胸卡

25. 在别人位置上乱翻他人东西

26. 没有经过他人允许拿别人的东西

27. 上课时着意发出声音

28. 上课侧身坐

29. 扔粉笔

30. 早上到校后在座位上发呆，教室里、走廊上游荡

主持人甲：你得到了多少小杠杠？在5个以内请举手。这些同学的行为习惯做的还是相当不错的，希望你们能再接再厉，将自律进行到底。

主持人乙：你得到的小杠杠在15个以上的请举手。我们可以先肯定你们正视问题的勇气，你们诚实的品格应该得到赞扬。但同时我们又很想听听你们此刻心里有何感想？

（可能的回答：我以前没有意识到我在这么多方面都存在问题，今天我知道了，我想我会好好改正的；我下决心不再给别人添麻烦了，也给曾经被我打扰过的那些同学说一声抱歉……）

主持人甲：看来大家都认识到了我们自身有很多行为会对他人造成影响，希望大家再接再厉，改正自身的不良习惯，争做一名合格的中学生。

主持人乙：下面请班主任胡老师给大家讲话。

师：听到这么多同学在"打扰别人"的问题上有了新的认识，我们感到很高兴，也禁不住想对同学们说说心里话，希望我们的生活更快乐也更和谐一些。

（屏显"教师寄语"）

打扰别人的人不要埋怨别人的疏远，而要体谅别人的苦衷，好好反省自己的过失；不要坦然地认为得到别人的原谅是理所当然的，而要好好珍惜并感激这份宽容。

对于打扰你的人你有讨厌他们的权力，但我更希望你能找到融洽相处的契合点，为他们也为自己营造健康的环境。希望你们能以他人为镜，谨

慎自己的言行。

师生合作深情朗读。

明净的早晨，鸟儿欢唱，花儿吐芳，他愉快地来到学校，虽然没有监督人员，他还是在校门口下车，推车进学校。他一路踏歌来到了教室门口，在门口略一张望，见没有老师，他便悄悄地走了进去，用他微笑的眼睛向每一个同学悄悄问好。他静静地坐下，静静地整理昨天晚上的作业然后和其他同学一起高声朗读英语。风儿轻轻吹拂，顽皮的纸也忍不住想在洁净的地面上翩然起舞，却被他眼明手快地握于掌中；圆珠笔也来凑热闹，却不料跑到别人的脚底下。看着同学们专注的读书神情，他怎么好意思打扰，只好待下课将它捡起……

主持人甲：我相信你也会喜欢这样的"他"，因为他是那么在意，害怕打扰别人。其实，你也可以这样，只要想想你被别人打扰时的烦躁，你就会将打扰别人的话咽下。

主持人乙：只要想想为别人考虑可以给你带来更多的快乐，你就会将打扰别人的手放下……

主持人甲：只要将懒惰让位于勤奋，将自私让位于公德，自律就会在你心里，文明就会在你的一言一行中。我相信每一个同学都会在心里默念：我不能打扰别人。

伴随着优美的音乐声，班会课在同学们静静的思索中结束了。

"做有教养的中学生"主题班会

班会目的

通过本次班会活动，帮助同学们认识自己的不良行为并改正，更好更深入地了解"教养"的内涵，培养自己高尚的道德品质。

班会准备

要求学生在网络或书本上了解有关教养的资料,收集一些日常学习生活中缺乏教养的事例和有教养的言语行为,并在班会课上讨论。

班会过程

利用以下案例,引入主题。

清华大学电机系4年级学生刘海洋,为了验证"笨狗熊"的说法能否成立,在2002年1月29日和2月23日,先后两次把掺有火碱、硫酸的饮料,倒在了北京动物园饲养的狗熊身上和嘴里,造成3只黑熊、1只马来熊和1只棕熊受到不同程度的严重伤害。这名大学生年仅21岁,已通过研究生考试。上述3种动物被《濒危野生动植物种国际贸易公约》列为国际一级保护动物。

主持人:头上有无数荣誉光环的刘海洋竟然做出如此缺乏教养的事情,这件事不得不引起我们的深思。请大家就刘海洋的行为展开讨论,对我们中学生来说,什么是有教养的行为,什么是没有教养的行为。

学生讨论并发言

主持人:教养是指一般文化和品德的修养。有教养的行为,应该是有爱心,懂礼貌,知道尊重别人,关心别人,做事有分寸,善解人意,心胸宽阔并发自内心,正派真诚,光明磊落等等。如:人见面要打招呼,因为这可以表达关切和尊重;公众场合说话声音要低,因为避免妨碍别人;做错事要说对不起,因为这样能弥补给别人造成的不快;要温文尔雅,因为恶语会伤人;要光明正大,因为行为不端将损害他人利益。

分组讨论

一组:教养能带给我们什么,我们自己的教养能带给自己什么?

二组:如果我们没有教养,会失去什么?

学生讨论并发言

主持人：教养能带给我们什么，我们自己的教养能带给自己什么？

能得到别人的认可，受到尊重和信任，有人缘。会使更多的人愿意接近，关心爱护你。而来自老师，同学，朋友的信任，理解，支持和宽容，又会让自己有满足感，喜悦感和幸福感，由此带来对自己的认同感，增添自信。

没有教养我们有可能会失去什么？

失去良好的同学关系和朋友，失去别人的尊重和信任，有可能失去尊严，有可能失去很多机会，有可能失去成功感和幸福感。

主持人：怎样做一个有教养的中学生？

学生讨论并发言

主持人：首先要理解教养的内涵，培养自己高尚的情操，同时要学习表达教养的种种形式，要使有教养的行为变成一种自觉的习惯，否则教养只是一句空话。有的人心地很好，人也很善良，但却给人缺乏教养的印象，比如上课不认真听讲，自习课大声喧哗，随地乱扔垃圾，见到老师不问好，进他人寝室前不敲门等，就是因为他没有学会表达教养，没有学会注重他人感受。

全班学生一起朗诵：

　　教养，是一种美丽的高贵。

　　与人交谈，理智而不乏幽默，自信而不显张狂；

　　与人交往，优雅地说"请""谢谢""对不起"；

　　面对无礼的非难，宽容地付之一笑；

　　无论成功还是失败，得意淡然，失意坦然；

　　淡淡地对自己一笑。

　　教养，是一种美丽的高贵。

　　有教养的人不会在别人需要宁静时旁若无人地喧哗；

　　有教养的人不会在美丽的校园丢下极不谐调的垃圾；

　　有教养的人不会在狭窄的甬道里拥挤；

　　有教养的人不会拿别人的痛苦开心；

　　有教养的人不会为鸡毛蒜皮斤斤计较；

　　有教养的人不从不唉声叹气，自怨自艾；

六 人际篇

有教养的人从不为了出风头而标新立异；

有教养的人不会哗众取宠，奴颜婢膝；

有教养的人会随手关掉白白浪费的电灯；

有教养的人会为同桌捡起掉落的书本；

有教养的人会有独立的见解；

有教养的人会衷心地为别人的成功赞美；

有教养的人会微笑着向老师，同学问好；

有教养的人心中不仅仅装着自己。

我希望，

明天早晨我见到的大家，都将是绅士风度，淑女风范！

"学会宽容，善待他人"主题班会

班会目的

1. 使学生明白宽容是中华民族的传统美德，也是当代人必备的道德品质；同时意识到生活中需要相互宽容，我们需要学会"宽以待人"。

2. 锻炼学生语言表达能力，提高人际交往能力，提高辨别是非能力，分析和解决问题的能力。

3. 教育学生以宽容的心待人，能够与同学和睦相处，彼此学习共同进步，进而培养健全的人格。

班会准备

1. 搜集以宽容为主题的哲理性和启发性故事。
2. 准备自排的小品。

班会过程

主持人甲：雨果说过："世界上最宽阔的是海洋，比海洋更宽阔的是天空，比天空更宽阔的是人的胸怀。"

主持人乙：是的，宽容是快乐之本，多一些宽容我们的生命就会多一份空间，多一份爱心；多一些宽容，我们的生活就会多一份温暖，多一份阳光。

主持人合：初二（8）班主题班会现在开始！

主持人甲：宽容是非凡的气度，宽广的胸怀，是对人对事的包容和接纳；

主持人乙：宽容是高贵的品质，崇高的境界，是精神的成熟，心灵的丰盈；

主持人甲：宽容是仁爱的光芒，无上的福分，是对别人的释怀，更是对自己的善待；

主持人乙：宽容是生存的智慧，生活的艺术，是通悟了社会、人生之后所获得的那份从容，自信和超然。

主持人甲：我们的生活中宽容是什么呢 也请大家来说一说。

同学1：是友谊。朋友间没有了宽容就没有了友谊，有了友谊就会有更多的朋友。

同学2：是发展。曹操从几个兵士发展到剿灭北方群雄，占据中原，拥有百万大军，与他的"山不厌高，水不厌深"的胸怀分不开。

同学3：是力量，是自信的标志。

主持人甲：同学们，你是宽容的人吗？大家心里一定有了答案，或许有些同学觉得不以为然，哼！我就不是一个宽容的人，那又怎么样？

主持人乙：那么接下来，让我们来听一些经典的故事，它们是咱们同学精心搜集的。

林同学的《仇恨袋》：

古希腊神话中有一位力大无比的英雄叫海格力斯，有一天他在山路上行走时，发现路中间有个袋子似的东西很碍脚，便朝它踢了一脚，谁知那东西不但没有被踢开，反而膨胀起来，海格力斯有点生气，便狠狠踩下去想把它踩破，哪知那东西又膨胀了许多。海格力斯恼羞成怒，操起一条碗口粗的木棒狠砸下来，那东西竟然加倍地膨胀，最后大得把路都堵死了。一位圣人路过，连忙对海格力斯说："朋友，快别动它，忽略它，离开它远去吧！它叫仇恨袋，你不犯它，它便小如当初，你的心里老记着它，侵犯它，它就会膨胀起来，挡住你前进的路，与你敌对到底！"

感受：我觉得仇恨正如海格力斯所遇到的那个袋子，开始很小，如果我们忽略它，它就会自行消亡；如果我们老想着它，心中就会充满仇恨，便再也装不下别的东西了。当我们仇恨到失去理智的时候，后果便不堪设想了。所以同学们，如果你们心中有仇恨就放下它，忘记仇恨会让你活得更愉快。

李同学的《钉子的故事》：

一个男孩脾气很坏，于是他的父亲给了他一袋钉子，并告诉他，每当他发脾气时就钉一根钉子在后院的围篱上。第一天男孩钉了37根钉子，慢慢地每天钉下的钉子少了，终于有一天，这个男孩再也不会因失去耐性而乱发脾气了。他高兴地去告诉父亲，他的父亲说："你真了不起，孩子！那么从现在开始每当你能控制自己的脾气时，就拔出一根钉子。"时间一天天过去了，有一天男孩告诉父亲他把所有的钉子都拔出来了，父亲握着孩子的手来到后院，指着那些围篱上的洞说："我的孩子，你看看这些篱墙上的洞，它们将永远无法恢复原样，我们生气时说的话就像这个钉子留下的疤痕，对人的伤害永远无法抹去。"

感受：如果我们都能换位思考，从自己做起，先检讨自己并宽容地对待他人，肯定有意想不到的结果。还有，必须记着，如果有一天因为某些事情伤了他人，就算最后你得到了他的原谅，不过伤害的痕迹无法抹灭。所以做任何事之前应慎重，不要冲动。

甲：大家听这些故事感触一定很深吧，那么接下来看看我们身边的故事吧。

乙：接下来我们大家来欣赏小品《寝室风波》。

（A驰骋球场回来，兴奋不止，而其臭汗味也满屋肆虐，加之那唯一与"香港"沾边的脚，小小宿舍内顿时令人窒息）

（我边开窗户，边开玩笑）"真臭！"

（他难堪地笑了）

（B打了饭回来，一推门便皱上眉头）"劳驾，您的'尊鞋'去散散气行吗？"

（A讥笑道）"你是想我这人也一起出去吧！"

"能出去当然好，否则想吐还来不及，怎么有胃口吃？"（B小声嘀咕）

（难得！今天A去考听力准没困难，竟连蚊子般的哼哼也没放过）

"你什么意思？这又不是你家，我干吗出去？况且我脚臭怎么了？难不成你的脚香啊！"

（看苗头不对，我立刻放下手中家书，上劝）"小A，刚才隔壁来找你，咱们去看看什么事儿。"（可未等我说完，B已开始反攻了）"虽然不是我家，可也不是你家。当然，我的脚怎能跟'您'的比呢。贵脚不仅香，还香港呢；不仅美名传众，美味还传千里呢！谁敢比，谁能比呀！……也不注意点影响！"

（疮疤被揭，A早已火冒三丈）"什么影响？你整天把滴水的湿衣服到处挂，弄得宿舍开鱼塘就叫注意影响；每天半夜还用那漏音耳机听歌叫注意影响；每天大泡酸辣面，弄得满屋醋味熏天叫注意影响！"

"算了算了，我们走吧！"（我好容易插进一句）

B道："关你什么事？你以为你好啊，我们都忍了你很久了。整天唠唠叨叨像个老太婆，连睡着了也不安静；还爱插耳机，又是英语又是汉语，还有流行歌曲，咿咿呀呀吵得人心烦；晚上又爱点蜡烛，是有害我们健康的，另外万一出了事怎么办？我可以去学校告你！"

（我顿时傻了眼，不知说什么，没想到矛头这么快就转了方向。而刚进门的小C也听得丈二和尚，一脸惊态）"怎么了……，嗯，好臭……"（说着未摘阳帽就去开窗）"我以为没开呢！"（似乎，他受B恩惠不浅，喏！至今还戴着B送他的生日礼物呢）

（情势瞬息之变真令A想不到，眼中那三味真火愈烧愈烈）

"你俩一个鼻孔出气啊！别以为你好，整天吃东西在嘴里翻来覆去，闹得惊天动地，谁与你共餐，肯定吐一地！"

"唉，我喜欢，你吃不下去关我什么事！"

"是不关我事,可有人整天乱放东西,自己那儿找不到又乱翻别人的,谁知你是什么意思?什么企图?"

"那也比你好,成日不打水还老爱把别人的用空。"

"没用你的,关你什么事?"(A成了关公。我真后悔,昔日不经意的抱怨竟成了今日的话柄)

"谁知道呢,难怪我常发现热水瓶水少了,是不是咱们四楼连上盖的热水也会蒸发快一些?"

(这回轮到我脸红了)"是我……"

"又关你什么事了!"(静了很久的B猛然插道。流利地翻着白眼,露出鄙夷之色)(恶心,不过怎么从前没注意,我暗想。不知从哪儿冒出一团怒火,我大声嚷道)"够了!够了!别吵了!大家都罪孽深重,那么明天去班主任处评理吧!"

"嘭!——"(我烦躁地离开了仙境)

甲:小品看完了,大家一定有好多感触啊,原本一个寝室应该是关系非常融洽,怎么现在都像是仇敌呢?在故事中你认为谁是对的,谁是错的?怎么会积累了这么多不满和仇恨?那么大家认为其实每个人在其中都应该注意些什么呢?没有意识到宽容的力量的同学,大家一定要注重言行,让我们的同学关系不再紧张,让我们有更多真正可以信赖的知心朋友!

乙:多好的提议啊,的确,世界上没有相同的两片叶子,所以不要苛求别人完全认同自己的观点,"金无足赤,人无完人",和而不同,求同存异是宽容合作的基础;互相谅解和尊重是得到真正友谊的前提。

班主任总结

同学们,老师很高兴看到大家认真地准备这次班会,让我更高兴的是从大家的神情中老师看到每个人都已有收获。是啊,昨天,我们认识着宽容;今天,我们感受着宽容;明天我们将用宽容的心态去生活和学习。有道是:"海纳百川,有容乃大。"大家想真正拥有宽容的美德吗?从现在开始努力,记住:宽容是一种修养,是一种品质,更是一种美德。希望通过这次班会让大家开始懂得去珍惜友谊,学会宽容,快乐生活。

"沟通让你我更亲近" 主题班会

班会目的

架设桥梁让学生和家长增进沟通，学会相互理解。

班会准备

1. 了解学生的思想动态，找一些有代表性的家长，进行较深层次的谈话。了解亲子间冲突最大的几件家庭小事，让学生根据生活经验准备小品表演。请家长回家录下一段要对孩子说的话。

2. 全班每位同学交父母陪伴自己从小到大的照片。老师扫描出来，制作成幻灯片。

3. 老师设计一份考查家长和孩子的相互了解程度的问卷，在活动中使用。

班会过程

一、童年的回忆

随着美妙的音乐、屏幕上出现的一张张学生的亲子照，拉开了主题班会课的序幕。

每一张的亲子照，都有着甜蜜的回忆。在父母爱的关怀下，孩子们健康地成长，然而，随着年龄不断的增长，孩子与父母间的感情好像出现了隔膜，之间的代沟越来越大，孩子越来越不理解父母了。

二、对话加深理解

1. 小品——《爱唠叨的爸爸妈妈》

学生自编自导自演的小品来反映家庭中的小矛盾，如：

（1）家里来电话了，父母总是抢着接或者事后追问是谁打的；

（2）父母好象还把同学当小孩子，经常唠唠叨叨地嘘寒问暖；

（3）亲子话题总离不开成绩，父母总爱将孩子的成绩与其他同学比较……

2. 欣赏歌曲《shall we talk》

精心挑选了歌曲《shall we talk》的 flash，部分歌词选摘如下：

孩子们只会贪玩父母都只会期望，为什么天南地北不能互相体谅，蟋蟀对着螳螂有什么东西好说，shall we talk，shall we talk，好想过去牵着手去上学堂，请你说我们为何变成陌路人的模样，请你说还有什么比沉默更难堪，难道互相隐藏，就能避免了失望，表白有什么可怕，请你不怕为难不要拐弯……

3. 亲子对话

小品的内容以及歌曲《shall we talk》的歌词都能极大地引起家长和学生的思考，大家都能敞开心扉，进行一次无拘无束的对话。

学生通常会表示：渴望与朋友交往，但家长不允许，甚至打电话家长都要过问，要么就是事后追问是谁打的，要么是听同线电话。我们不再是小孩子了，可为什么你们处处都要管着我们，我们很渴望自由。每一次话题总离不开成绩，总爱将我的成绩与其他同学比较，除此以外，没有别的话题了吗？

家长通常会表示：小孩打电话有时能打整个钟头，不知道孩子交上什么朋友心中很急，如果孩子能主动与我们家长讲讲身边的同学，让我们了解、放心，这样就可以避免以上的情况。

通过这次的对话，也许不能让学生马上能理解到父母的爱，但是我们至少要学会对话，学会感悟，学会慢慢去理解差距背后隐藏的爱。

三、游戏：默契大比拼

由以上对话得出结论：差距是客观存在的，只是平时我们都不愿意拿出来沟通，而沟通正是理解的基础，没有沟通就没有理解。现在请家长和学生完成一份问卷，看看孩子与家长之间究竟互相了解多少。

老师发下设计的问卷。让学生和家长不要商量，如实填写。写完后看看学生与家长相应问题吻合的情况。请出两个家庭（最好是吻合率高、低各一个），展示他们的答卷情况，看看这些家庭做得好的在哪里，不足在哪里。

给一些时间让家长与孩子根据各自的答案，进行充分的交流。通过交流学生与家长彼此更加了解，心更近。

四、聆听父母的声音

在美妙的音乐伴奏声中，播出家长准备好的录音，让孩子感受父母的爱。如："这是你迈出的第一步，我真的很开心，马上就照下了不少照片，现在看着你一天天长大，我们都很安慰。虽然现在我和你爸爸工作比较繁忙，但在百忙当中基本每晚都准备宵夜等你回来，见到你吃下去我就已经好开心了，我心中最大的期望就是你身体健康。"当这些家长深情地道出他们对孩子寄予的厚望时，所有的人都会被感动。父母的片言只语深深地扣动着大家的心弦。

"理解父母" 主题班会

班会目的

通过这次主题班会引导学生认识到子女与父母之间的心理矛盾是客观

存在的。我们应采取体谅、沟通、关心的办法来寻找沟通方法，消除误会。子女学会主动体谅，理解父母，化解子女与父母间的心理矛盾。

班会准备

调查问卷，课件制作。

调查一：学生与自己父母的关系，不需写名字，请真实填写。

A. 亲密　　B. 比较紧张　　C. 疏远和一般

调查二：你在与父母交往过程中有没有下面几种情况。

1. 经常与父母顶嘴。
2. 父母苦口婆心地教育我，但有时我对他们的教育置之不理。
3. 自己的苦恼从不向父母倾诉。
4. 我不知道父母的生日。
5. 有时会有离家出走的念头。
6. 从不主动关心父母的工作苦恼。
7. 有时可以一个星期不理睬父母。
8. 学校召开家长会最好父母不要去。
9. 很少在别人面前提到自己的父母。
10. 向父母要钱时从没考虑过父母的经济困难。

填完马上收齐，统计。

班会过程

一、导入

主持人：当婴儿呱呱坠地的时候，这个世界多了一份母亲的笑容，增添了一份父亲的自豪。自那时开始，孩子与父母就建立了密不可分的关系。小时候的我们会说世界上爸爸妈妈最好，因为他们给了我们爱与安全感。可是随着我们一天天长大，我们会惊讶地发现童年时期最崇拜、最依赖的父母有些观点和我们不一致，于是产生了心理困惑，由此可能带来家庭生活中的一些不协调。那么，如何以家庭小主人的角色消除那些不协调，消除那些困惑，把我们的家庭变得更和睦更温馨呢？今天，就让我们来学习如何走近父母。

二、出示相关图片

1. 不顾父母劝阻，长时间上网，荒废功课。
2. 放学迟迟不愿回家，贪玩。
3. 经常"煲电话粥"。

主持人：除了以上情况 你是否还会不愿与父母外出，或长时间看电视，或与父母争吵等情况，请同学讲讲与父母还有哪些地方关系紧张？

（学生发言，略）

主持人：如果你有以上情况，父母会如何惩罚自己？请同学们讲讲并说说被惩罚后的感受。

（学生发言，略）

主持人：被父母惩罚，责骂，或者打，你会觉得父母很不近人情。那让我们站在父母的角度上看看。

三、从父母角度看

投影毕淑敏《孩子，我为什么打你》

有一天与朋友聊天，我说，就是在文化大革命中当红卫兵，我也没打过人。我还说，我这一辈子，从没打过人……你突然插嘴说：妈妈，你经常打一个人，那就是我……

那一瞬屋里很静很静。那一天我继续同客人谈了很多的话，但所有的话都心不在焉。孩子，你那固执的一问，仿佛爬山虎无数细小的卷须，攀满我的整个心灵。面对你纯正无瑕的眼睛，我要承认：在这个世界上，我只打过一个人。不是偶然，而是经常，不是轻描淡写，而是刻骨铭心。这个人就是你。

在你最小最小的时候，我不曾打你。你那么幼嫩，好像一粒包在荚中的青豌豆。我生怕任何一点儿轻微地碰撞，将你稚弱的生命擦伤。我为你无日无夜地操劳，无怨无悔。面对你熟睡中像合欢一样静谧的额头，我向上苍发誓：我要尽一个母亲所有的力量保护你，直到我从这颗星球上离开的那一天。

你像竹笋一样开始长大。你开始淘气，开始恶作剧……对你摔破的盆碗，拆毁的玩具，遗失的钱币，污脏的衣着……我都不曾打过你。我想这对于一个正常而活泼的儿童，都像走路会跌跤一样应该原谅。

第一次打你的起因，已经记不清了。人们对于痛苦的记忆，总是趋向于忘记。总而言之那时你已渐渐懂事，初步具备童年人的智慧；它混沌天真又我行我素，它狡黠异常又漏洞百出。你像一匹顽皮的小兽，放任无羁地奔向你向往中的草原，而我则要你接受人类社会公认的法则……为了让你记住并终生遵守它们，在所有的苦口婆心都宣告失效，在所有的夸奖，批评，恐吓以及奖赏都无以建树之后，我被迫拿出最后一件武器——这就是殴打。

假如你去摸火，火焰灼痛你的手指，这种体验将使你一生不会再去抚摸这种橙红色抖动如绸的精灵。孩子，我希望虚伪，懦弱，残忍，狡诈这些最肮脏的品质，当你初次与它们接触时，就感到切肤的疼痛，从此与它们永远隔绝。

我知道打人犯法，但这个世界给了为人父母者一项特殊的赦免——打是爱。世人将这一份特权赋予母亲，当我行使它的时候臂系千钧。

我谨慎地使用殴打，犹如一个穷人使用他最后的金钱。每当打你的时候，我的心都在轻轻颤抖。我一次又一次问自己：是不是到了非打不可的时候？不打他我还有没有其他的办法？只有当所有的努力都归于失败，孩子，我才会举起我的手……每一次打过你之后，我都要深深地自责。假如惩罚我自身可以使你汲取教训，孩子，我宁愿自罚，哪怕它将苛烈十倍。但我知道，责罚不可以替代也无法转让，它如同饥馑中的食品，只有你自己嚼碎了咽下去，才会成为你生命体验中的一部分。这道理可能有些深奥，也许要到你也为人父母时，才会理解。

打人是个重体力活儿，它使人肩酸腕痛，好像徒手将一千块蜂窝煤搬上五楼。于是人们便发明了打人的工具：戒尺，鞋底，鸡毛掸子……

我从不用那些工具。打人的人用了多大的力，便是遭受到同样的反作用力，这是一条力学定律。我愿在打你的同时，我的手指亲自承受力的反弹，遭受与你相等的苦痛。这样我才可以精确地掌握数量，不至于失手将你打得太重。

我几乎毫不犹豫地认为：每打你一次，我感到的痛楚都要比你更为久远而悠长。因为，重要的不是身累，而是心累……

孩子，听了你的话，我终于决定不再打你了。因为你已经长大，因为你已经懂了很多的道理。毫不懂道理的婴孩和已经很懂道理的成人，我以为都不必打，因为打是没有用的。唯有对半懂不懂，自以为懂其实不甚懂道理的孩童，才可以打，以助他们快快长大。孩子，打与不打都是爱，你可懂得。

四、从自身找原因

主持人：是的，打与不打都是爱，那被打事件中，你又有没有做错？请曾经被父母惩罚过的同学，说说自己做错了什么？

（学生发言，略）

五、小组活动

写一写，算一算父母每一天要为家庭做多少事，付出多少时间？

想一想，父母容不容易，你有没有分担父母的艰辛？

议一议，对自己父母不满意的同学，说一说你认为谁的父母最理想？

说一说，拥有"最理想父母"的同学说说自己父母的不是。

说说，可以调换父母吗？

六、怎么与父母交流

主持人：既然父母不能调换，我们就一定要包涵，接纳自己的父母，并尽量和父母多一点交流。那我们该怎么和父母交流呢？

1. 老师说说自己与父母孩子交流的情况。

2. 学生说说自己与父母交流的情况。

3. 选出一些写得比较好的《给父母的一封信》，请同学读出来，并把父母的回信也读出。

主持人：由此可见，我们与父母的关系并非不能改变，父母也不是不近人情的，他们也在关心我们，也在想办法走近我们，那我们就该主动走近父母。

走近父母的方法：

1. 多向父母表达你爱他们。

（1）主动承担家务；

（2）纪念日，节日送点小礼物；

（3）遇特别情况写一封信表达感激；

（4）适时为父母倒杯茶，削个水果。

2. 和父母有分歧时学会换位思考，站在父母的角度上去想一想。

3. 应让父母感觉你相信他们，多交流并经常给予赞美。

（1）多向父母说说自己的情况，自己的愿望；

（2）多倾听父母的话；

（3）遇上烦恼，告诉父母，寻求父母的帮助。

4. 回家和外出主动给父母打招呼。

5. 时时谨记，父母只会爱孩子，决不会害孩子。

只要能理解，孝敬，尊重父母，你就和父母走近了。

主持人：让我们用智慧和真情共同建设我们和谐温馨的家！最后齐唱《妈妈的吻》。

"师生面对面"主题班会

班会目的

通过师生面对面的沟通，化解矛盾，增进师生感情。

班会过程

主持人（学生）：从我们入学的第一天起，我们就有了亲爱的老师，我们还记得第一天走进学校，望着老师写在黑板上的一条小白线，心里正在迷惑不解急切盼望着知道它到底是什么时，老师的一句话

主持人（老师）："跟我读，1——"（可在台下说）

主持人（学生）：让我们幼小的心灵顿时感受到：人生智慧的大门豁然向自己敞开。那时，兴奋的我们逢人便讲："我知道这就是1啦！我认识数字喽！"那一刻的欣喜与激动，难以言表，终生难忘。从此刻起，对老师的敬佩之情就开始伴随着我们将要经历的一生历程。

我们在教师的关爱下逐渐长大，你给了我整片的星空，好让我自由地去来。你给了我一盏知识的明灯，为我照亮了前方的道路。我知道，我享有的是一份博大宽广的爱。

然而，发生在我们身边的一件件事例，让我们产生了探究老师心里的愿望：老师，我在你的眼里是最漂亮的吗？请看一个七年级学生的日记。

（大屏幕展示文字，并找一个小学女孩子配音）

我第三次被老师撵出了教室，原因是我的老师说我身上有难闻的气味，不许我进教室。我非常生气，几次找老师评理，可漂亮的班主任教师说有我在，她无法给其他学生上课。

我不想上学了，可在家里的我非常想念学校的生活，几经考虑，我找到了校长，而校长的做法出乎我的意料，在告诉漂亮的班主任教师不能再把学生撵出教室后，却没有减轻我的痛苦，竟然将我从原来的班级中调到现在的班里。

新班主任也发现了我身上有怪味，但新班主任并没有把我撵出教室。我暗自窃喜。

可是，一天新班主任突然来到我的家，我以为她是来让我不上学的，我很害怕。后来，我才知道，新班主任是来调查我的生活环境，了解我身上怪味产生的原因。因为我家条件不好，房间也小，我和妹妹睡在一起,由于妹妹每个晚上都尿床……

几天后,新班主任给我提供了一些洗漱用具,教会我早上起来用水洗澡,还送给我她女儿穿不下的、干净的旧衣服,并说服爸爸接受另一位教师捐给我们的沙发床,我终于有了自己的床了。

前天,我在原来那位漂亮的班主任面前走过,漂亮的班主任说:"这位漂亮的女孩是哪个班的,看上去有点面熟。"我高兴地回头对她说:"我曾是你班的学生。"

主持人(老师):看了这位同学的日记,让我们有了机会认真审视和深刻思考我们的教育。但不可避免的我们的教师有自己的想法,我们的学生也有自己的观点。

1. 肯定新班主任的做法及取得的成效,但这样做是否会引起学生父亲的生气和怀疑,并不是所有的家长都喜欢别人干预学生的生活的。

2. 新班主任这样做在现实学校中的可能性,如:漂亮班主任可能会对他耿耿于怀。

3. 我们应该为新班主任对人的洞察和在教育体系内为学生谋利益的做法而喝彩,我为从这个事例中汲取的力量而倍感振奋,因为它说明了一个老师的内在力量可以深深地影响到学生生活,即使这个故事本身就已经说明了一切,但还有很多事情值得说。

主持人(老师):教师的行为是镜子,也是窗户,它表达了我们对学生的关心,也表达了我们对自己的关心。教师的爱是一种无私的爱,我们对学生的爱从不求回报。在工作中,无论遇到什么样的不理智和被误解的事情,我们都不应该因此而影响到对学生的教诲和关爱,我们也不要把对学生的爱与自己的个人目的和利益联系起来。

在北京师范大学的校园里铭刻着这样的校训:学为人师,行为世范。这既是对未来的准教师们的教诲和要求,也是对教师品德的高度概括。教师的品德不仅仅在于自己拥有真才实学和高尚品行,更可贵的是成为人世和社会的楷模:"以令率人,不如身先","知行合一,行胜于言"。

主持人(学生):教师的爱是一种理智的爱。教师思考的是学生未来的长远发展,他们从不因眼前的不理解而放任迁就。

教师的理智是超人的,他们对芸芸众生能够区别对待、因人施教,做到对好学生不溺爱,对差学生不操之过急、循循善诱。教师的爱包含母爱且胜于母爱,这种爱是严格要求和精心施教的完美结合,它突破了母亲那种一味的溺爱。

主持人(老师):然而,学生的千差万别,学生的个性差异有时让我们束手无策,教育环节和教育方法的不当,有时也让教师们悔不当初。下面就是一例。

(屏幕出示文字,男学生主持人朗诵)

2006年4月25日上午11时,新津三中高二(2)班学生谭伍,自认为受到不公正对待,当着母亲和老师的面,从教学楼的三楼阳台上,纵身跳了下去……

谭伍是名优秀学生,文科成绩是班上前三名。前一天晚上,学校停电。谭伍和同班一女同学吃完晚饭回学校上自习。由于停电,铃声没响,谭伍迟到了。当时,政治老师李梅正组织一次考试。谭伍和女同学被李老师挡在了门口。讲明迟到原因后,同行的女同学被老师放进了教室。谭伍被留在了教室外。"她说我态度不好,要我在教室外反省。当时我吃着冰淇淋,看见老师后,就把冰淇淋吐在了地上。估计她就凭这说我态度不好。"

师生两人就态度问题争吵了几句。在教室外呆了一会儿后,谭伍走进教室,收拾起书包,然后扬长而去。"我很生气,自己受到了不公正的对待。"

4月25日上午第一节课下课后,谭伍被班主任夏应全叫到了办公室,要求谭伍给李老师道歉。谭伍并没有答应。

随后,班主任把谭伍的妈妈请叫到办公室,两人一起给谭伍做思想工作。谭伍最后答应给老师道歉,并走出了办公室。走出了办公室的谭伍,觉得自己受到了不公正的对待:"我没有错,为什么是我给老师道歉,而不是她给我道歉?""要我道歉?可以。那我就用死来给她道歉……"

谭伍站到了教学楼三楼阳台上。在同学和老师的劝说无效下,他迈出了站在阳台上的脚……

主持人(老师):"要我道歉?可以。那我就用死来给她道歉……"谭伍宁肯跳楼也不向教师道歉。师生间冲突真的到了无法调解的地步了吗？你怎么看待这起师生冲突事件，谈谈你的看法。

1. 谭伍为什么会这样做？你对谭伍的做法有什么看法？
2. 你如何看待政治老师的做法？
3. 如何看待班主任教师的做法？
4. 以虐待自己的方式抗议是愚蠢的。

……其他观点和看法

主持人（老师）：看着这些处在花样年华的孩子们用极端的方式处理问题，我们在扼腕叹息的同时，有必要发出这样的追问：是什么让他们的生命变得如些脆弱？他们对生命，难道就没有半点的留恋和责任感吗？

主持人（学生）：孩子们对生命的轻视只是一种表象，而根源，却是我们整个社会生命意识教育的缺失。有学校的地方就有学生和老师，师生冲突在所难免，如何减少矛盾的冲突，如何将冲突化解到最小，是我们师生在今后的学校生活中需要探索和研究的话题，请大家献计献策，让我们的学校生活更加丰富多彩。

（学生和老师自由发言，略）

主持人（学生）：老师是我们成长道路上的第一人生榜样，老师是我们前进路上追寻的一串深深的脚印！

主持人（老师）："学高为师，身正为范。"多么朴实的8个字，却是对教师道德示范作用的最好评价。

主持人（学生）：老师，您的博学多才，您的和蔼可亲，使我感到我遇上了最好的老师。老师听您的课真是一种享受，这一生能够做您的学生，我感到很幸运。

合：老师，我们最亲切的称呼。老师，我们最值得尊敬的人！

"中学生的友谊与爱情" 主题班会

班会目的

通过主题活动使学生正确地认识友谊与爱情,使中学生明确友谊与爱情的关系,当友谊与爱情来临时,应采取什么态度和方法。同时也修正中学生以前对这两者的错误的探秘心理。

班会准备

1. 搜集相关材料,确定节目名单,由主持人编写串联词。
2. 部分学生排练节目,全班筹谋划策。
3. 全班同学分为3队,即友情队、爱情队、中立队。

班会过程

(主持人争吵上场)

主持1:各位老师。

主持2:各位同学,各位来宾。

合:大家好!

主持1:不好意思,我们打起来了。

主持2:想知道我们为什么"关公战秦琼"——哎,打起来了吗?

主持1:(白了他一眼)

主持2:因为"友谊与爱情"的争论。你说他这人,说什么爱情崇高

六人际篇

无上？看！友谊纯洁、不含任何杂质，爱情怎么能比得上友谊呢？

主持1：这就不对了，说话怎么可以这么武断呢？爱情是多么圣洁啊，你想找还找不着呢！按你的来说，友谊是常青之树，爱情是不败之花呀！

主持2：为了维护友谊，我特意组织了我们的"友谊队"！（鼓掌）

主持1：你说我们爱情不如友谊，那得问问我们爱情队的同胞们同不同意啊！是不是，爱情队的同胞们！（鼓掌）

主持2：看来你早有准备。

主持1：那是。

主持2：好！让我们听听大家的心声吧！请听英语歌：《远航》，由女生合唱团演出。

主持1：这下，该我们大显身手了。请男生合唱团为我们演唱：《浪花一朵朵》

主持2：看来，我们的分歧是越来越大了

主持1：是啊，光唱是没用的，得来点实际的。

合：下面是"实话实说"。

主持3：欢迎各位来到"实话实说"

主持4：有请我们的嘉宾，××、×××、×××、×××上场。（嘉宾一一入座）

主持3：老师也成为我们嘉宾了，我们可以了解老师的友谊和爱情观了，欢迎各位。

主持4：请各位嘉宾不必紧张，我们这个环节就是实话实说，心里想什么就说什么。

主持3：请我们的嘉宾来谈一谈自己的故事。

嘉宾××：那是小学毕业的时候，我和几个同学出去玩，轻松一下。我们开始玩捉迷藏，我找不到其他人，只看到一个女生躲在草丛里，我就捉住她了。我们一看其他同学都没出来，我们就坐下来聊天，聊了一会。其他同学就突然从四面八方冒了出来，并且发出那种很怪的声音："哦——""吃——""呜——"当时真是太尴尬了……

（4 嘉宾讲述完毕）

主持3：下面请欣赏一个关于友谊与爱情的故事《窗里窗外》。

主持4：说了这么多，也该轻松一下了。下面，我们来玩一个游戏，名字叫《情歌对唱》。先从友谊和爱情队各选出5名同学。由爱情队开始每人唱一句歌，歌中带爱这个字。好，开始！

游戏1：《情歌大对唱》。

主持3：请观众讲述自己的故事。

主持4："实话实说"到此结束。

主持1：真是精彩，可是这药力还是不够烈呀。

主持2：想来一副药力强的？

主持1：在吃药之前，先放松。请欣赏舞蹈《拉丁舞》。

主持2：辩论会正式开始！

主持5：各位老师、各位同学、各位来宾，大家好！欢迎来到辩论会赛场。下面请双方一辩陈词。

正方：友谊重要……

反方：爱情重要……

由中立队的5名观众总结辩论结果。

主持5：请欣赏小品《误会》。

主持1：请欣赏小品《驴唇不对马嘴》。

主持2：时间过得很快，让我们最后再狂欢一次。

主持1：兔子舞，music！（全班同学都参加的兔子舞把班会推向了高潮）

主持1：爱情是建立在友谊之上的，友谊是爱情的基础，爱情是友谊的发展。

主持2：如果没有友谊则不存在爱情。

主持3：如果没有爱情，友谊将停滞不前。

主持4：但是，在我们中学生的心里，爱情永远在后。

主持5：因为，真正的爱情离我们太遥远。

主持合：请大家珍惜一切！

结束。

六人际篇

七、社会篇

　　每个人都是社会的一员，我们的生存与发展都离不开这个社会；而社会的正常运作，则需要大家遵照一定的规则，承担相应的责任。社会责任感是一切美德的基础和出发点，是人类理性与良知的集中体现，是社会得以存继的基石。一个对社会真正有用的人，应该首先是一个有着健康健全人格的人，一个富有责任的人。中学生是祖国的未来和希望，培养他们的责任感，这是新课程道德教育目标的核心体现，是国家和社会更好发展的重要基础，也是学生自身人格完善的必然要求。

　　以社会为主题的班会，其目标有两点。一是唤起学生的社会责任感，具体来说可以让学生了解国内外的重大事件、搜集关于社会责任的名人名言以及相关事例等等，通过这些办法使学生切实地体会社会与自身的密切联系；此外还可以从学生的父母亲人出发，探讨一个普通人如何在自己的岗位上默默奉献，为社会贡献自己的力量。二是鼓励学生亲自去实践，以自己的实际行为体现自己的社会责任感。

主题设计案例

"愿用爱心温暖世界"主题班会

班会目的

在学校德育主题"五心五会"的熏陶下,我们全校上下都在轰轰烈烈地践行着这个主题教育,我班也通过总结生活中爱的点点滴滴,并把它们浓缩于本次班会节目中,让学生体会出爱的温暖,感受爱的无处不在,从而学会做一个有爱心的人。

班会准备

1. 同学各自查找资料。
2. 确定节目、排练节目。
3. 编写串词,主持人熟悉串词。

班会过程

男:是什么使我们在滚滚红尘中找到安宁?

女:是心。

男:是什么使心与心之间的距离不再遥远?

女:是爱。

七 社 会 篇

男：是什么使爱的光华撒遍每一个角落？

女：是人。

男：人字结构就是相互支撑。

女：人类的面孔就是爱的表情。

男：让我们彼此牵着手，如同光与光的照应。

女：水与水的相容。

合：心与心的呼唤，七年级（一）班"愿用爱心温暖世界"主题班会现在开始。

男：爱心似长江之水，连绵不绝。

女：爱心似黄河之势，摄人心魄。

男：爱心似松柏之绿，坚韧长青。

女：爱心似慈母胸怀，包容万千。

合：只要心中有爱，爱便能普照人间。

男：是呀，在我们身边，爱无处不在。下面请欣赏小品《用爱心温暖世界》。

第一幕：

解说：放学后，小林正走在回家的路上，远远望见马路那头围了一群人正骚动着。

（小林钻进人群，"呀"地叫了一声，忙蹲下去）

小林：老奶奶，老奶奶，你怎么了？

解说："只见一个老奶奶躺在那里，脸色惨白如纸，嘴里喃喃着什么。

小林：大家帮帮忙，快送老奶奶去医院，求求大家了！

解说：小林望望四周，冷漠的面孔，冷漠的目光，她的心颤抖起来。

群众1：怎么是个女雷锋，长的还不赖。

群众2："你说是女雷锋，可不要高抬了她，说不定是她孙女呢?！"

（小林猛然瞪了他们一眼）

群众2：哦，不好意思，嘿，小姑娘脾气还蛮大的嘛！

群众1：唉，这个社会好事不好做啊，说不定家属来了，还说是你推的呢！

解说：正在这时，一个骑着三轮车的大汉走了过来。

小林：（大叫）三轮车，三轮车！

大汉：是你奶奶？

小林：（一愣）不，我不认识她。

大汉：那是你撞着她了？

小林：没有，我过去时老奶奶就躺在地上了，好多人都围在那儿。

大汉：小妹妹，现在好事是做不起的，等会儿谁付我车费？（回头望小林）

小林：我付。（大汉子与小林一起把老奶奶搬上车）

小林：快，快去医院。

（大汉蹬起车来，很快到了医院）

第二幕：

解说：（医院里，经过医生的抢救，老奶奶醒了过来）

（小林急匆匆地给老奶奶的儿子打了电话。过了一会儿……）

少妇：喂，等等，等等，着什么急呀，你妈一时半会儿的又死不了。

年轻人：你懂个屁！肇事人逃跑了这么办。

（小林走出去）

年轻人：喂，小妹妹，看见刚才有个送来的老人吗？

小林：哦，你就是老奶奶的儿子，事情是这样的……

少妇：（一把拉开她，打量几眼）哼！会有这种事，哪个相信？不是你推我妈，我妈会无缘无故倒在地上？想不负责任？没那么便宜的事，你得出钱！

小林：（瞪大了眼睛转向年轻人）你说呢？

年轻人：也是，这年头，怎么会有这种好人，不可能吧！（小林一下子坐到椅子上，一会儿站起来，犹豫着，要走）

少妇：（一把拉住小林）想走不行！先得拿医药费来，至少要2000。

小林：我，我，我没钱。

少妇：没钱？先把你的学生证押在这儿，回去拿钱来换！

(小林无奈的拿出学生证，哭着跑了出去)

第三幕：(老奶奶的病床边)

老奶奶：哎？刚才那个小姑娘呢？

年轻人：她回家拿钱了。

老奶奶：为什么？

少妇：妈！她撞了你，不该付钱吗？这医药费，营养费、还有我们的误工费，还有……

老奶奶：住口，你们胡说什么，是我自己不小心摔到的，还多亏了小姑娘及时将我送进医院，否则真不知道会怎么样呢。

年轻人：妈，你是不是摔糊涂啦，现在还会有这样的人？

少妇：不要白不要，谁让她撞在枪口上拉！

老奶奶：你，你们还有良心吗？是小姑娘救了你妈，你们还找她要钱，你们……

(大汉领着小林走了进来)

大汉：对啊，如果大家都像你们一样，今后谁还敢救人，这个社会还有什么温暖可言？我们都应该向这个小姑娘学习啊！！！

(年轻人低下了头，少妇默默地将学生证还给了小林)

小林：奶奶！

老奶奶：好孩子，谢谢你！

女：这就是21世纪，应该相信，爱并没有泯灭。小品中的小林用自己真诚的爱心，赢得了大家的赞赏，为爱心的世界又增添了一粒耀眼的种子。

男：爱心是冬天里的一缕阳光，驱散了凛冽的寒霜。

女：爱心是久旱后的一场甘露，滋润了龟裂的心田。

男：爱心是汪洋中的一个航标，指明了新生的希望。

女：爱是美德的种子，我们的老师就是爱的使者，一年四季都在播撒着爱的种子，下面请听相声《老师的爱》。

甲：同学们好啊！今天呀，我太高兴了！

乙：呦！什么事儿啊，那么高兴啊？

甲：教师节马上就要到了呗。哎呀，我就是高兴，不是一般的高兴！

乙：嗯……那是相当的高兴！

甲：你怎么知道，太有才了你！

乙：嘿，不是，那教师节是所有老师们的节日，你乐什么呀？

甲：瞧你这话说的，我认为老师是在这个学校里面最辛苦的人了。他们都过节了，那我们学生应该替他们感到高兴才是啊！

乙：诶，那倒是。

甲：老师是什么呀，那是园丁！那是灯泡！

乙：什么灯泡啊，那叫蜡烛，燃烧自己，点亮我们。

甲：老师教咱的是不断更新的知识，高科技！还谈什么蜡烛啊?！忒俗！

乙：得，听你的！

甲：在家靠父母，学校就得靠老师了。老师啊，就是除了父母外最亲的人了。

乙：对了！老师才真是令我们最敬佩的，她的敬业、关怀、爱心，我们最能体会了！

甲：这话我爱听！老师关心、照顾我们，做错事儿还体谅我们，从来不乱发火。

乙：是啊，咱们老师可是关心我们呐！我们有困难、难处，还不是老师第一时间站出来！

甲：嗯，那是，同学生病了，老师最着急了。

乙：对嘛！最关心的还是学习，我们只要哪有问题了，老师肯定加大马力地帮我们！

甲：是，就怕到时候刹不住车呐！

乙：怎么说话呢，这是！

甲：我这不是形容老师辛苦呢嘛，这都听不出来，傻冒儿一个，徐老师是怎么教你的，上课听仔细了没啊！

乙：嘿，这纯属语文的理解能力啊，咱徐老师可是教英语的，跟这可搭不上界啊！

甲：（先矛盾一会儿）谁说的，怎么不搭界，英语翻译过来不就是语文呐，Do you understand？

乙：No！

甲：嗨，怎么说，老师就是最有爱心的，是最伟大的！

乙：就是，班里同学家里有困难，老师就会挺身而出！

甲：那当然，老师爱我们就像水一般的深情，火一般的热情！

乙：对对对，陷我们于水深火热之中。

甲：去你的！

女：师恩如山，因为高山巍巍，使人崇敬。

男：师恩似海，因为大海浩瀚，无法估量。

女：您言传身教，育人有方。

男：您谆谆教诲，甘为人梯。

女：如今，幽谷飞香桃满园，英才济济笑开言。

女：太阳无语，却带来了温暖。

男：大地无语，却显示了广博。

女：海洋无语，却孕育着生命。

男：爱心无语，却造福人间。

女：下面请听歌曲《让爱发光》。

　　一天见你一面

　　一面想你一点

　　一点记在心田

　　天天都有你和我的画面

　　真心付出真情，永远都不完

　　朋友谢谢你给我分享你每次成长

　　让爱发光，让梦温暖

　　谁不是一边受伤，一边学勇敢

　　世界再大再广，如果没有死党

我的心就像黑夜没有月亮

是你给我爱的光

一天见你一面

一面想你一点

一点记在心田

天天都有你和我的画面

真心付出真情，永远都不完

朋友谢谢你给我分享你每次成长

让爱发光，让梦温暖

谁不是一边受伤，一边学勇敢

世界再大再广，如果没有死党

我的心就像黑夜没有月亮

是你给我爱的光

让爱发光，让梦温暖

谁不是一边受伤，一边学勇敢

世界再大再广，如果没有死党

我的心就像黑夜没有月亮

是你给我爱的光

女：爱心，如同星光，渴望彼此辉映。

男：爱心，如同阳光，温暖着你我的内心。

女：爱就是给他人一个关怀的眼神。

男：一个灿烂的微笑。

女：一个美好的祝福。

男：关怀的眼神，灿烂的微笑，美好的祝福陪伴我们走过了每一个春夏秋冬。

女：下面请听诗朗诵《同学情》。

　　　　今晚的夜空是如此明净，

　　　　同学的相聚似清澈的河水。

七 社 会 篇

相聚是一团燃烧的烈火,
相知是一条涓涓的细流。
常言道:
"百年修得同船渡,
五世修得同窗读。"
在这茫茫如潮的人海中,
我们不早不晚来相遇。
是机会?
是缘分?
是我们前世修来得同学情。
曾几何时,
校园里留下了我们嬉笑打闹的足迹,
书桌上记忆了我们携手共进的佳话。
同学们寒窗苦读执手共卷,
轻启朱唇,书声朗朗。
记得萧萧病重住院,
同学们争相来探望。
病床边洋溢着欢声笑语,
康复归来,功课样样不拉下。
同学家中有困难,
大家默默来相助。
你十元来我五元,
至纯童心永不变。
往事历历如烟,
最是难忘同学情。
同学们:
为我们的相聚欢呼吧!
为我们的相聚庆贺吧!

男：友谊是友爱的象征，

女：是亲密的体现，

男：是人生中不可缺少的，爱的财富。

男：下面请听口琴合奏《欢乐颂》。

女：爱是人间最美好的声音，

男：爱是心灵最滋润的清泉，

女：只有心中充满爱，你的人生才会其乐融融。

男：下面请听《爱的八音盒》。

女：同学们，通过这一系列的节目，大家感受到爱的氛围了吗？

男：大家有什么爱的感想吗？

女：请同学们把自己浓浓的爱厚厚的情，

男：尽情涂鸦在心语卡片上。

合：请献上我们深深的爱心。

女：看，在那个红红的爱心里，是我们班同学一份份爱的宣言。

男：请不要埋怨人情的冷漠。

全班同学：只要我们都奉献出一份真诚，心与心之间就没有了寒冰。

全班同学：只要我们都献出一丝微笑，人与人之间就没有陌生与孤单。

女：美丽的水仙，真诚浇灌，芳香定会溢满人间。

男：我们愿做一个有爱心的人。这就是我们的承诺，爱的承诺。

合：七年级（一）班"愿用爱心温暖世界"主题班会到此结束。

"帮助他人，快乐成长"主题班会

班会目的

1. 懂得助人为乐是社会主义社会应该提倡的道德风尚。

2. 知道要得到别人的帮助就要学会感恩，知道助人为乐是高尚的品德。

3. 对别人的困难或不幸加以关心和同情，并为能帮助别人解决困难而感到高兴。

4. 通过寻找自己为他人服务中的快乐，发现为别人服务是一种享受、一个进步。

5. 能把帮助别人当成一种习惯坚持下去。

班会过程

一、主题导入

师：同学们，在全国"两会"期间，胡锦涛总书记发表了树立社会主义荣辱观的重要讲话，对中华民族树立正确价值观进行了"八个为荣、八个为耻"的高度概括，其中"以团结互助为荣，以损人利己为耻"是我们民族优秀的传统道德理念，也是少先队员不可忽视的荣辱观准则，为贯彻落实这一准则，我们小学生应该从小做起，从身边做起，从现在做起。所以今天我们班会的主题就是"帮助他人，快乐成长"首先我们先来搞个小测试，谁愿意积极参与？请看题板：

（选出12名队员参加，出示4个问题）

1. 我经常帮助别人。

2. 我有时帮助别人。

3. 我没有帮助别人。

4. 我需要别人的帮助。

师：选1的走到1号圈，选2的走到2号圈，选3的3号圈，选4的进入4号圈。

二、开展活动，层层推进

师：同学们都很自觉地站到相应的圈内了，接下来我想来采访一下这些同学。

采访问题：

1号圈：你为什么会经常帮助别人？

2号圈：在你帮别人时，你感到快乐吗？

3号圈：你觉得帮助别人有意义吗？

4号圈：别人帮助了你，你是怎样的感受？

（学生汇报）

师：通过这个小测试大家发现了什么？是的，看来，我们班没有帮助别人和需要别人帮助的同学比较多，这种现象真实的存在于我们班级中，作为集体中的一员我们应不应该主动伸出自己的援助之手去帮助别人呢？

小结：生活中，有的同学能细心观察，发现别人的难处，主动帮别人一把，因帮助别人而快乐。像这种在帮助了别人以后，心情愉悦，不图表扬与报答，就是助人为乐的表现。前一段时间我们班积极开展了"手拉手，一帮一"的活动，在这次活动中同学们渐渐改变着自己的行为，相信今天的班会课会让你有更深刻的感受……

三、请你帮帮我

师：同学们，你一定希望每天生活得快快乐乐，如果遇到困难或烦恼的事，你的感受如何呢？请看小品《请你帮帮我》。

小品内容：下课了，小明有个数学题不会改，急得团团转，同学都在忙各自的事情，没人注意他……小雪玩着玩着突然流鼻血了却忘了带纸巾……小倩的文具盒忘带了没法写作业了……（定格）

师：同学们，如果当时你在场你会怎么做？

（同学讨论）

师：好，就请大家接着往下看，小品中的同学这样帮助别人对吗？

小品接着演：同桌马上递过来一个本子："给，我帮你，你抄我的作业吧，我全对了。"小雪的同位有纸巾却担心自己万一借给她自己用什么呢？小华把纸巾借给了她是希望得到老师的表扬。小倩的同桌有多余的文具却怕小倩用坏了，不想借给她。她的前桌把文具借给了她却提出了想借她新买的转笔刀玩两天的要求……

师：小品中的同学做的对吗？

总结出助人的真谛：同样是帮助人，但不同的人，助人的动机不尽相同。只有真正出于对他人的同情、关心，把别人的困难当作自己的困难，满腔热情地去帮助解决，并从中感受到快乐，才是助人为乐。这种"乐"是无私的，是与他人的"乐"融为一体的，因而也是高尚的。

师：有首歌唱得好："一个篱笆三个桩，一个好汉三个帮，为了大家都幸福世界需要热心肠。"请听歌曲《世界需要热心肠》。

四、让我谢谢你

师：我发现在过去的一段时间里我们班也出现了许多"热心肠"。他们有的主动伸出手去帮同学解数学题，帮班级维护卫生，帮老师报本子、发作业。这期间有汗水，有笑声，更有我们一点一点收获的喜悦，而在这喜悦中更多的是对热情帮助你的朋友的深深谢意。要想得到别人的帮助首先要学会感恩，下面就请你想一想、说一说你对曾经帮助过你的朋友的真诚谢意。（放背景音乐《朋友》）

1. 对帮助自己改掉坏习惯的同学道谢。
2. 对帮助自己学习成绩提高的同学道谢。
3. 对主动借给自己学习用具的同学道谢。
4. 对帮助自己练习踏步走做操规范的同学道谢。

……

师：是啊，纵有千言万语也表达不完朋友之间互帮互助共同进步的纯真的情谊。生活在这个集体中，有很多遇上困难的人是需要我们伸出手去帮助的，但有些人会坐事不理，而有些人则会很热心地帮助他们。有很多小事让人们不足为道所以不去做，但是我们是否想过，也许在我们看来是很小的事情，但如果在此时帮一把手，也许对于别人来说却可以称得上是解除了燃眉之急？所以帮助别人要从日常小事做起，不因善小而不为。

五、我们学习的榜样

师：同学们，提到助人为乐，我们就会想到一个响亮的名字——雷锋，雷锋把别人的困难、不幸，当作自己的困难、不幸，发自内心地想要帮助别人，不图表扬与报答，不要求得到任何报酬。

请听快板《雷锋是我们的好榜样》。

六、手抄报展示

师：除了雷锋是我们学习的好榜样外，其实在我们今天生活中，还有很多助人为乐的故事，你都知道哪些？

像雷锋、丛飞这样助人为乐的人是很多的。课下同学们把自己搜集的图片故事做成了抄报，下面我请几个同学上场谈一谈自己知道的助人为乐的故事。

（学生讲述自己收集的李素丽、徐虎、朱伯儒等人的故事。从而懂得，助人为乐的人在生活中，处处受到人们的尊重。）

师：同学们课下搜集到的模范人物事迹资料还真不少，我感受到这些经常助人为乐的人，在生活中会处处受到人民的尊重。你们知道吗？在我们身边就有这样一位英雄，他为了维护世界和平，带着祖国人民的嘱托在硝烟四起的海地执行维和任务，他就是前不久刚刚回国的我班王一平的父亲王忠祥警官，下面请听王一平讲述《跨越国界的帮助》

七、跨越国界的帮助

我班家长王忠祥去海地维护和平的事迹报告，由他的女儿我班学生王一平讲述。（略）

八、让互助行动传遍校园（图片，录像）

师：同学们，在社会上，在我们身边涌现出了很多这样感人的故事，其实大家在感动的同时也已开始向他们学习，开始悄悄地行动了。有的同学不仅在班级中积极地帮助别人，做自己力所能及的事情，还在队长的带领下走出教室到我们的校园中开展了互助行动，成为当代的"小雷锋"。下面请各小队汇报。

校园环卫小队：帮助清洁工捡拾楼道脏纸，维护花园里的卫生，爱护草坪，擦洗校园中的板凳。

对口班帮扶小队：每天下午放学后帮助对口班老师打扫卫生，辅导后进生。

班级爱心小队：带小盒子，主动捡起掉在地上的橡皮、铅笔。主动帮助学习有困难的同学，使其在学习上有很大的提高。主动捡拾班级里的脏纸并把其放进环保纸盒里，积攒多了，卖废品的钱当班费搞活动用。

帮助行动在社区（雏鹰小队汇报）：打扫楼道卫生，擦洗健身器材；帮助孤寡老人。

九、倡议书

号召全校学生行动起来，从身边做起，从小事做起，关心帮助他人，别人快乐，我快乐，让雷锋精神处处体现。

班主任总结

同学们，不管是过去，今天还是将来，八荣八耻的根本就是教我们如何学会做人，作为小学生，我们要从身边的点滴小事做起，在生活中严格践行。当自己帮助了别人时会觉得很开心，别人帮助了自己，你会感到幸福！记得拉布吕耶尔曾经说过："最好的满足就是给别人以满足。"当把助人为乐看作一种和穿衣、吃饭一样的习惯之时，你便会享受到成长的快乐。希望广大少先队员拥有团结互助的传统美德，在星星火炬的照耀下，快乐成长！谢谢大家！

"遵守行为规范，完善自我形象"主题班会

班会目的

1. 通过活动引导学生明确日常行为规范的具体规定。
2. 使学生意识到遵守日常行为规范对完善自我形象的重要作用。

3. 促使学生将日常行为表现化为自己自觉的行动。

4. 通过活动展示学生的创造力与表演才能,增进同学之间的了解与友谊。

5. 通过活动锻炼同学的组织能力,培养其合作意识。

班会准备

1. 全班动员,组织学习《中学生日常行为规范》的内容。
2. 编排小合唱、小品、诗朗诵。
3. 准备个人初二以来行为规范表现的相关材料。
4. 布置主题班会的会场。
5. 两位主持做好组织准备工作。
6. 准备奖品、歌曲磁带、PPT。

班会过程

小合唱:《校园的早晨》。

男:尊敬的各位老师!

女:亲爱的同学们!

合:大家好!

男:箐箐校园是我们获得知识的地方。

女:箐箐校园也是我们各方面健康成长的地方。

男:我们的茁壮成长离不开老师的辛勤培养。

女:也离不开我们自己对自己的严格要求。

合:伴随着这欢快的歌声,我们初二(6)班"遵守行为规范,完善自我形象"主题班会的序幕拉开了。

女:首先请欣赏小品《如此两个人》,看完后请同学们谈谈他们的言行中有哪些是不文明的,违反了《中学生日常行为规范》的哪一条规定?

(出示 PPT,学生表演小品)

男：好，小品看完了，先请同学讨论一下他们的言行中有哪些是不文明的，违反了《中学生日常行为规范》的哪一条规定？

（学生回答）

男：这些不文明的行为看似不大，但却会腐蚀我们的心灵，有损于我们中学生的形象。我们可不能学他们的样啊！

女：对呀，《中学生日常行为规范》是我们中学生的基本行为准则。下面请欣赏我们学生自己创作的一首小诗《礼赞＜中学生日常行为规范＞》。

（学生进行诗歌朗诵，放音乐）

> 因为有了你，
> 我们的心灵变得更加纯真、无暇。
> 因为有了你，
> 我们的青春变得更加热情、奔放。
> 因为有了你，
> 我们成了朝气蓬勃的新一代。
> 因为有了你，
> 我们的校园里有了一道道亮丽的风景线。
> 你像一座灯塔，
> 指引我们躲过一个又一个暗礁，
> 乘风破浪。
> 你像夜空的北斗星，
> 指引我们避开一条又一条岔路，
> 勇往直前。

女：这首小诗告诉了我们对于完善我们自身形象的重要性。那么我们中学生在日常的学习、生活中应该怎样遵守《中学生日常行为规范》？应该树立一个怎样的文明形象？我给大家提示一下，例如：我们在校园里、在家庭里、在教室里、在学习上、在社会上，我们外出购物时、旅游时等等。请同学们讨论一下。

（学生讨论）

男：我们中学生在日常的学习、生活中应该怎样遵守《中学生日常行为规范》？应该树立一个怎样的文明形象？请同学们踊跃回答。

（学生回答。主要就在校文明礼仪展开讨论，如进校礼仪，上课纪律，教室保洁，课间文明休息，作业及时上交等）

女：同学们回答的都非常好，当然我们更要把它化为我们自己自觉的行动。假如我们每一位同学都去这样做的话，相信我们的校园会出现一道道亮丽的风景线。下面请同学们拿出自己的成长记录（学生开学几个月来对自己行为规范方面表现的总结）

男：我想，面对自己的成长记录，我们每个同学都有自己的体会，下面就请同学们反思一下自己开学以来的行为，给自己作一个总结吧！

（出示要求，放音乐，学生写个人小结）

男：（采访一位同学）你能谈谈自己的体会吗？大家掌声鼓励！

学生上台谈自己的体会。

男：谢谢。

女：（采访一位平时表现不太好的同学）我知道虽然你的平时表现没有大多数的同学那样好，但我知道你比以前要好得多，面对自己的进步和差距你能谈谈自己的体会吗？大家掌声鼓励！

学生上台谈自己的体会。

女：相信你会不断取得进步的，大家鼓励一下他！

男：遵守日常行为规范重在行动，下面就请同学们以宣誓的形式表明我们的心迹，争取在下一个阶段使自己的行为更加符合《中学生日常行为规范》的要求。全体起立。

全体学生起立宣誓。

班主任总结

首先非常感谢为这次主题班会的准备付出了辛勤劳动的各位同学！在本次班会中同学们都表现得非常积极、主动和热情，展现了我们中学生朝气蓬勃、奋发向上的精神风貌。我一直沉浸在你们的欢乐中，同时也被你们的激情深深地感动着。相信通过这次活动，每位同学在今后的学习、生活中都能更加规范自己的行为，做一名文明的中学生，一名优秀的中学生，为班争光，为校争光！

在《明天会更好》的歌曲声中，主题班会结束。

"文明礼仪伴我行"主题班会

班会目的

1. 通过看录像、听录音、阅读材料、讨论等系列活动，使学生懂得我们中华民族是世界闻名的礼仪之邦，讲文明礼貌是中华民族的优良传统，是做人的美德，更是一个现代文明人必须具备的美德。

2. 通过主题班会活动，使学生继承优良的传统美德，增强爱国情感，从小养成良好的行为习惯，初步树立社会责任感。

3. 把礼仪常规贯穿到歌谣、小品、朗诵等各种表演形式之中，让学生受到情趣的熏陶和思想品德的教育，懂得礼仪对于每个学生成长的重要性。

班会准备

1. 搜集中华文明礼仪的故事等资料，调查争做文明学生的做法。
2. 关于中学生礼仪的音像、文字材料。
3. 环境布置（黑板、场地等）。
4. 组织学生准备有关节目。

班会过程

主持人：中国自古以来就是礼仪之邦，文明礼貌是中华民族的优良传统，作为新一代的少年，我们更不能忘记传统，应该力争做一个讲文明、懂礼貌的好学生，让文明之花常开心中，把文明之美到处传播！现在我宣布："文明礼仪伴我行"主题班会现在开始。

主持人：中国是一个有着几千年文明历史的古国，文化源远流长。作为礼仪之邦，中国历史上有很多故事至今仍深深的教育着我们，下面请观看历史故事《孔融让梨》、《黄香诚心敬父母》。（放录像）

主持人：看到这两个小故事，同学们觉得在生活中我们应该怎么对待我们的父母和兄弟姐妹？

学生自由发言。

主持人：现在我们都是独生子女，没有兄弟姐妹，那么我们在一起生活的小伙伴们呢？看了下面的表演的小品，我想大家一定会有不同的看法。下面请欣赏由崔沥巍等表演的小品：《快乐的小伙伴》。

主持人：通过这个小品，大家认为该如何与小伙伴相处？

学生自由发言。

主持人：中国古代的礼仪规范不断发展改革，形成了我们的现代文明礼仪，在校园这个既庄严又活泼、既紧张又文明的环境中，我们少先队员不仅要学好文化知识，还要自觉加强道德修养，讲礼貌，懂礼仪，做一个文明少年。礼仪举止包含了许多内容，你知道哪些校园礼仪？谁愿意说给大家听？

学生自由发言。

主持人：规范的校园礼仪是怎样的呢？下面请欣赏徐蕊等表演的几种最基本的礼仪形式。

徐蕊等表演校园礼仪：正确的走姿、正确的站姿、正确的坐姿、交往礼仪、课堂礼仪、课间礼仪、递物与接物。

主持人：这是我们常用的校园礼仪，对于我们中学生，《中学生日常

七 社 会 篇

行为规范》也提出了明确的要求。请听《中学生日常行为规范三字歌》。

主持人：我们共同生活在这个美丽的校园里，共同学习在九年（4）班这个大家庭中，我们应该和谐相处。在前段日子里，我们班里出现了几幕这样的情景，请看小品《课间活动》。

（主持人：同学们对这种现象有什么看法？我们应该怎么做？

学生自由发言。

主持人：在学校要讲文明，那么在没人监督的时候，我们应该怎么做呢？请听歌谣《让座》。

主持人：我们要懂得尊老爱幼的道理，那么在公共场合我们该怎样做呢？请听小快板《如果》。

主持人：说得好，相信你们做得更好！咱班的男生志气大，看，他们还要争当文明好少年呢！（朗诵《争当文明好少年》）

主持人：我们知道了礼仪对于我们中学生来说很重要，大家来看这位同学错在哪里了？（学生表演小品：《我错在哪里了？》）

主持人：这个小男孩的问题就是没有学会尊重他人，最重要的是不会说文明用语。咱们看看古代是怎样讲究文明用语的。请听中国文明礼仪常识《常用的客套话》。（放录音）

主持人：谈吐很能反映一个人的文化教养。作为文化人、文明人，谈吐时除了要内容高雅，有文化内涵，还要区分场合、注意分寸、言辞得体。讲文明，有礼貌是中华民族的传统美德。要树立一个人的美好形象，首先要做到说话文明，那么，现代文明礼貌用语又有什么讲究呢？下面请听：《日常文明用语介绍》。

主持人：人与人之间相处时难免有磕磕碰碰，犯错之后的一声"对不起"就能使对方的怒气烟消云散，不然会产生意想不到的后果。请看小品《一件小事》。

主持人：同样的一件小事，却有两种截然不同的结果，其中就是"对不起"在起作用。生活中，人际交往时学会文明用语，是我们学做人的很重要的一项道德修养。请看我们班同学对文明用语的体会：诗朗诵《神奇的字》。

主持人：同学们，今天我们学习了很多礼仪方面的知识，作为一名新时代的少先队员，我们要做到：遇到师长、来宾，主动敬礼问好；上下楼梯，人多拥挤，注意谦让，靠右行走，保障畅通；讲究卫生，不乱扔果皮，见到纸屑随时捡；爱护公共财物，不乱写乱画，严格遵守学校规章制度，相互监督，共同促进，争做一个讲文明、懂礼仪的好学生。

班主任总结

亲爱的同学们，文明礼貌是一粒最有生命力的种子。作为一名学生，作为中华民族的后代，我们有义务、有责任弘扬我们的礼仪传统，树立良好的自身形象。只要心里播下这粒种子，它就会在我们的精神世界里生根、开花、结果，那么我们的社会就会更美好！希望通过这次活动，能让我们真正理解文明礼仪的重要性，让我们把文明的种子撒遍生活的每一个角落，让文明之花越开越盛，开遍家庭、校园、社会！

"做人第一，学问第二"主题班会

班会目的

引导学生进一步认识自我，明确目标，增强自我完善、全方位提高自己的意识，发展良好的个性，为以后步入社会、更好立足打好基础；并借此加强班风建设，增强集体的凝聚力。

七 社会篇

班会准备

1. 问卷调查（见附件）。
2. 统计结果，列出有关数据。
3. 制作投影胶片（统计的数据、板书等）。

班会过程

利用几个真实个案，导入主题。

个案1：某校97届初中毕业生小李，以732分考取华师附中。他认为初中三年来的收获，主要不是在学习成绩上，而是在做人处世方面。同学对他的评价，也认为他进步很大，从刚入学时只懂读书变成有威望的好班长。

个案2：开学前的军训，某校的高一新生，在吃午饭时不守秩序，争先恐后，吃完后也不主动洗刷自己小组的公共用具。

个案3：某校接受工作检查，检查组找了一些高中学生开座谈会。男生主动让女生先坐，自己再去搬所需的椅子。这一举动给检查组成员留下良好印象。

一个小故事《最后拼什么?》。

新春里，3位当年的学子相约去回拜恩师。

一位开着宝马车赴学府接师，一位在市内顶级酒店订了优惠座席，获了科研大奖的另一位准备这次请客买单。英姿勃发的当年同窗，无形中较着劲，各呈不俗的举止衣着，风头只在言语间淡淡掠过。老教师虽布衣简服，气宇间却透着轩昂，令在华服宝车堆里见惯了势利的侍应生也知其尊贵。

举杯之间，碰响着往岁的欢乐与来年的豪情。

最后，有人问老教师3位高徒谁最出息。他道，还难说。人之竞争，初拼技巧，再拼学养，最后拼的还是一眼看不见的人格。做学问、做生意、做官员,说到底是做人,这是楼的地基,飞机的发动机,苗的根,要搁下时间和空间才能看得出来。

归纳:上述几个例子都告诉我们应注意一个很重要的问题——待人接物。语言学家王力先生曾说过:"做人第一,做学问第二。"这名句言很值得我们深思。事实上,调查结果表明,我们的同学在许多问题上是存在着疑惑和焦虑的,有的甚至连如何"做人"的基本问题还未解决好。例如:与父母的沟通存在障碍;怕与平时不相熟的同学谈话,觉得很难找到话题;对自己信心不足,总感到自己不如别人,甚至有的连自己的优点也没能列出几条来;对某些同学有意见,但不知怎样提出……"学做人"正是这次班会要讨论的问题。

学习做人——学习自我完善的5个方面:

1. 吾日三省吾身——认识自我

人应该了解自己。对自己的优缺点、长短处、兴趣爱好、情绪变化规律、处事原则等等,了解得越细致越好。正如比赛前我们需要了解对手一样,了解得越多,我们制定的计划就越周密,针对性就越强,获胜的成功率就越高。我们常说"人,最大的敌人是自己",不正是说明了这点吗?了解自己越细致,便越懂得扬长避短,取长补短,做事的成功率便越高。

对自己的优点应大胆肯定,对自己的缺点则需真实地"直面"。我读初中时很任性,经常做错事,我的班主任送我《论语》里的一句话——吾日三省吾身,说的是"剖析"自己的自我认识,对每天的大小事情加以反省,吸取教训,总结经验。高中毕业时,我发现自己正是在常常的自省中成长的;做了老师后,看着学生的成长,我对这句话的体会更深了。今天,我也把这句话送给你们吧。

我发现同学中有一个不好的现象。有的同学喜欢说"习惯了,改不了","我干……是不行的"之类的话。其实,这是对自己不负责任的态度。大家现在才十几岁,正是个性逐步形成的时期,但绝不是定型期,所以一旦发现有不足就应该马上改正,想办法重新习惯,以培养良好的个性,而不是逃避就算。

2. 勤有功，"气"无益——心理调节

现在，学校设立心理咨询室，但不少同学没能认识其必要性，认为找老师进行心理辅导很"别扭"。而事实上，不少同学正是被一些"心理问题"困扰着而感到苦恼，甚至不能自拔。最近报上说一个中学女生因考试压力大，跳楼自杀了。这虽然是极端的例子，但正反映出许多同学存在着一定的心理障碍。学会有效地调节自己的情绪是非常有用的。人生道路不可能一帆风顺，遇到不顺心的事怎么办？调查中，有的同学认为自己会采取如下办法：找朋友倾诉，找父母诉说或找老师交谈，打一场球，大喊几声，到江边坐坐等等。也有的同学会采取把想法藏在心里的办法。我们发现，有效的方法有多种，也都因人而异，但都有一个共同特点——用积极的心态去寻求解决问题的方法。凡事想开些，所谓"退一步……"对，"海阔天空"。心胸广阔些，于己严格些，对人宽容些，是有助于解决问题、平衡心理的。一味的"生气"是于事无补的。

平时多阅读，重视提高自己分析问题的能力，树立正确的人生观、价值观是必要的。心理调节能力强了，生活的天空就不会总是灰色的了。

3. 要为成功找理由，莫为失败找借口——自觉

自觉表现在自己为自己定下近期和长远的目标，在为目标的实现而努力的过程中，时刻提醒自己、鼓励自己，主动积极地去采取行动。简单说来，就是做一道选择题——A 要我学，B 我要学。但是，目前仍有一些同学在学习中缺乏紧迫感、危机感，导致求学上进心不强，一旦少了老师和家长的提醒就不行了。他们不愿意高标准地严格要求自己，喜欢找借口证明自己不能完成某件事是可以原谅的。

高中阶段的学习及以后步入社会的生活，许多知识都是靠自学而来的。学校的知识远远不能满足将来工作和生活的需要，你不自觉去学行吗？自觉也涉及到意志力的问题。多为自己找成功的理由，多在实践中去锻炼，意志力是可以不断增强的。我们要为此而努力。

4. 小舍小得，大舍大得——眼光放远

"舍"与"得"似是矛盾的，但又是统一的。这是你们政治课上学的知识。生活中这方面的例子太多了：追看连续剧，结果复习不得不拖得很

晚；为一读之快，上课看小说；每天放学不打个把小时的球就不舒服；一边听歌一边做作业……后果是可以设想的。读到高二了，我们应学会把眼光放得远些，不要只顾满足于眼前的"利益"，抵抗不了"诱惑"，尤其是一些玩乐、享受方面的"诱惑"。只有肯舍，才会在其他方面有所得。高中阶段的学习时间是不多了，时间、精力花在哪些方面，往往决定一个人的发展方向和进步速度。

美国一位心理学家曾做过一项实验：他在一群儿童前摆一堆糖果，然后告诉他们，谁能在大人回来之前不动糖果，就可以获得更大的奖赏。研究显示，能抵挡短暂诱惑、延迟得到满足的小孩，不但在学习上表现优异，而且社会适应力也较强。

5. 亲情合作——维持良好的人际关系

球场上哪些人不受欢迎呢？对了，"独食"的（不愿传球的人）、输了球推卸责任的、球品不好的……现实生活中，其实也一样，以自我为中心的、不顾别人感受的、不爱承担责任的、斤斤计较的……具有这样的性格或做法的人，朋友是会逐渐疏远他的。

要与别人维持良好的关系，首先要从自己做起。具有什么品格的人才会有良好的人际关系呢？善良、坦诚、宽容、富有同情心、乐于助人、讲信用、尊重他人。大家不妨对照一下，自己是否具有这些品格。

与人交往时，我们应坚持一些原则，如：尊重别人，多为别人着想，少发脾气，求同存异，不独断独行，不一意孤行，虚心接受意见等等。

当然，除了自己努力做到以外，我们也应帮助身边的同学、朋友做到。

小学时，同学间是经常闹小矛盾的，又"绝交"，又"告状"什么的，作文里也写不少了。现在想起来，哎呀，那时幼稚得要死。因为现在你们长大了，已经懂得许多做人的道理了。但要处理好人际关系，这便是一辈子的学问了。

班主任总结

其实，刚才所讲的这几方面是相辅相成的，而自我完善也远不止这5

个方面，要在一节课里说清众多问题是不可能的。要完善自我，必须在生活实践中不断学习、摸索、积累。

最近很流行一个新名词——EQ，即所谓的情感智商。研究者丹尼尔·戈尔曼写了《情感智商》一书。书里提到："我写此书时深感美国社会危机四伏，暴力犯罪、自杀、抑郁以及其他情感问题急剧增多，尤以青少年为甚。依我看来，我们只有积极致力于培养和提高自身及下一代的情感智商与社会能力，才能措置这一严峻的局面。我对中国读者也提出同样的建议，虽则基于不同的理由。……在现代社会中，人生成功所需的不仅仅是学业优异，还有更多其他方面的能力。"

EQ的研究提醒了我们，要使生活的质量高，要获得更大的成功，光靠IQ高和专业技术强还远远不够，必须学习"做人"。

"解读幸福，爱校爱家"主题班会

班会目的

1. 让学生对"幸福"有更丰富的理解，纠正原有的错误观点。
2. 使学生怀着一颗感恩的心去看待学校和家庭生活。
3. 使学生学会思考、感悟幸福，学会热爱校园内外的人与事。

班会准备

准备多媒体课件和调查问卷。

班会过程

主持人甲：敬爱的老师、亲爱的同学们，

合：大家好。

主持人甲：生命是那样的美好。

主持人乙：生命是那样的绚烂。

主持人甲：正是这样的生命，让我们每分每秒享受着生活的喜悦。

主持人乙：正是这样的生命，让我们时时刻刻体会着生活的感动。

主持人甲：今天我们相聚在这里，让我们一同感受生命的洗礼，用每个人的思想折射出绚烂生命的七彩光芒。

主持人乙：生命，一个多么圣洁的字眼。我从呱呱坠地的那一刻起，就真切地享受到它给我带来的幸福：父亲的疼是幸福，母亲的宠是幸福，朋友的关心是幸福，老师的教诲是幸福。甚至贫困中相濡以沫的一块糕饼，患难中心心相印的一个眼神都是千金难买的幸福啊！

合：下面主题班会正式开始！

主持人甲：幸福是什么？有人说：我饿了，你有馒头吃，你比我幸福。有人说：我困了，你有床睡觉，你比我幸福。

主持人乙：幸福是什么？（分析问卷调查结果）

问题1：你觉得自己幸福吗？

A. 幸福　　B. 很幸福　　C. 没有太多感觉

D. 不幸福　　E. 很不幸福

75.60%的同学选择A，14.63%的同学选择B，9.77%的同学选择C。

问题2：（开放式）如果你觉得自己是幸福的，请描述一件让你感觉到幸福的事或场景；如果你觉得自己不幸福，请说说你认为怎样才叫幸福？

有同学认为：

1. 我认为幸福就是想要什么就有什么。天天5元钱，休息两天打游戏机，父母不闻不问，不管我们，这才叫开心。

2. 父母带我去吃肯德基很幸福，给我买冰淇淋吃也很幸福。

……

很多同学感受到的幸福是一顿大餐，一套名牌服装，是尽情地打游戏机。

主持人甲：生活需要我们去品味，幸福需要我们去发现。平常的生活，幸福随处可见。

主持人甲：不知何时，耳中充满喧嚣，她再也听不到爱的声音；

主持人乙：不知何时，双眼被阴霾蒙蔽，他再也看不到美丽的风景；

主持人甲：下面请听李同学的作文《我的闹钟没电了》。

我上床的时候是晚上11点，窗户外面下着小雪。我缩到被子里面，拿起闹钟，发现闹钟停了——我忘买电池了。天这么冷，我不愿意再起来。大声喊睡在隔壁房间的妈妈，妈妈冲进来。"妈，我闹钟没电池了，明天班级晨扫，要赶早，你6点的时候叫我起床吧。"妈妈的声音有点哑，可能是因为之前睡了，她说："好，你赶紧睡吧。"

妈妈叫我的时候我正在在做一个美梦，外面的天黑黑的。妈妈在床前说："小桔你快起床，今天要晨扫的。"我抬手看表，才5点40分。我不耐烦地叫起来，"我不是叫你6点吗？我还想多睡一会儿呢，被你搅了！"妈妈在那头突然不说话了，我用被子盖住了头。

起来梳洗好，出门。天气真冷啊，漫天的雪，天地间茫茫一片。公车站台上我不停地跺着脚。周围黑漆漆的，我旁边却站着两个白发苍苍的老人。我听着老先生对老太太说："你看你一晚都没有睡好，早几个小时就开始催我了，现在等这么久。"

是啊，第一趟班车还要5分钟才来呢。终于车来了，我上车。车的司机是一位很年轻的小伙子，他等我上车之后就"轰轰"地把车开走了。我说："喂，司机，下面还有两位老人呢，天气这么冷，人家等了很久，你怎么不等他们上车就开车？"

那个小伙子很神气地说："没关系的，那是我爸爸妈妈！今天是我第一天开公交，他们来看我的！"

我突然就哭了。我看到爸爸发来的短消息："女儿，妈妈说，是她不好，她一直没有睡好，很早就醒了，担心你会迟到。"

主持人甲：用感恩的心去听那爱的声音，去体会那爱的温暖；

主持人乙：带着感恩的心去观望，所有的阴霾散尽，美丽的风景填满双眼。

合：幸福是一种感恩的心情。

主持人甲：下面请听故事《地狱与天堂》。

有一个人被带去参观天堂和地狱，以便比较之后，能聪明地选择自己的归宿。他先去看了魔鬼掌管的地狱，第一眼看去，他十分吃惊，因为所有的人都坐在酒桌旁，桌上摆满了各种佳肴，包括肉、水果、蔬菜。

然而，当他仔细看那些人时，却发现没有一张笑脸，也没有伴随盛宴的音乐或狂欢。坐在桌子旁边的人看起来闷闷不乐，无精打采，而且都瘦得皮包骨头。每个人的左臂都捆着一把叉，右臂捆着一把刀，刀和叉都有4尺长的把手，根本不能用它夹起食物。所以即使每种食物都在他们手边，他们就是吃不到，一直在挨饿。

然后他又去天堂，看到的是完全一样的情景——同样的食物、刀、叉与那些4尺长的把手。然而，天堂里的居民却都在唱歌、欢笑。这位参观者困惑了。为什么情况相同，结果却如此不同？地狱里的人都因挨饿而痛苦，可天堂里的人却健康而快乐。最后，他终于找到了答案。在地狱里的每个人都试图喂自己，可是用那些长把的刀叉根本无法把食物送到自己嘴里。天堂里的人们却都在喂对面的人，因为互相帮忙，结果帮助了自己。

主持人乙：在日常生活中，我们会不时体会到这种给予的快乐，它也许是一个关注的眼神，一只搀扶的手臂，一句关切的话语，一份慷慨的爱心……它也许是物质的，也许是精神的，赠人玫瑰，手有余香。只要我们每个人都能这样给予、奉献，我们的世界会变得更加美好！

主持人甲：下面请听诗朗诵《我们知道什么是给予》。

花儿知道什么是给予，所以她尽情绽放灿烂笑容

草儿知道什么是给予，所以她默默挥洒一抹鲜青

我们知道什么是给予，所以我们把集体放在心中

雄鹰知道什么是给予，所以它不畏风雨搏击长空

蜜蜂知道什么是给予，所以它采花酿蜜辛勤不停

我们知道什么是给予，所以我们爱学习增长本领

蜡烛知道什么是给予，所以它牺牲自己奉献光明

黄牛知道什么是给予，所以它心怀大地低头耕耘

我们知道什么是给予，所以我们为集体服务一生

主持人乙：幸福是一种付出的满足。

主持人甲：分析ＡＢＣ同学的人生态度，哪种更令你觉得她是幸福的？

Ａ：（悲观）我的天空越来越小，我的时间越来越少

每天的生活都很单调，每科的作业都说重要

飞奔的路上我来回的跑，一头是家一头是学校

忙碌的我，忘了自己是否年少

我多么希望变成窗外那只小鸟

想飞多高，就飞多高

我甚至羡慕墙角那只老猫

可以无忧无虑睡个好觉

Ｂ：（消极）春天不是读书天，

夏日炎炎正可眠，

秋有蚊虫冬有雪，

收拾书包待来年。

Ｃ：（乐观）我的房间很小

我就把窗户开得很大

我的窗户很糟

我就把床铺叠得很好

我的往昔很空

我就把今天填得很满

我的今天很淡

我就把未来涂得很浓

我的喜悦很少

我就把笑纹织得很多

我的笑纹很短

我就把诗絮拉得很长——

学生讨论。

主持人乙：积极乐观的生活态度，也是一种幸福！

游戏环节。

1. 猪的启示（3分钟，请大家在纸上任意画一头猪，无须绘画技巧，只是凭借印象来快速的画出）

猪的位置	解释
猪在纸的上方	乐观派
猪在纸的中间	现实派
猪在纸的下方	悲观派
猪面向左	友善
猪面向右	有创造力，活跃
猪面向自己	直接，不逃避问题，喜欢争辩
猪的全体很细致	有分析力，细心但不相信人
猪的全体不完整	情绪化，无知，好冒险
猪的四只脚很清楚细致	顽固，固执
猪四只脚不清楚，不细致	面对生活中的改变时，没有安全感
猪的耳朵	越大越喜听人说话，反之意思相反。

主持人甲：了解自我，完善自我，超越自我也是一种幸福！

2. 背摔。（略）

主持人乙：被人相信是一种幸福，而相信别人同样也是一种幸福。

老师讲述自己的幸福。

老师的幸福是课堂上你们碰撞出的一丝火花，是课后你们交上来的一本干净整洁的作业，是学科活动中你们的奇思妙想，是自编操比赛中你们整齐划一的动作，是教师节清晨你们递上的一支康乃馨；甚至是老师生病时你们的细心与懂事，是你们无助时对老师期许的眼神，是忽地有一天，

发现你们身上有一丝老师的影子……

主持人甲：其实，幸福是无处不在的。

学生讨论发言：现在，我觉得幸福是——

幸福是父母的理解，长辈的关怀，朋友的劝慰；

幸福是尽情地运动，恣意地挥洒汗水；

幸福是集体的和睦；

幸福甚至可以是一抹友善的微笑。

班主任总结

父母爱我们，把我们抚养成人，这种爱严厉而又温暖；老师爱我们，教给我们知识，这种爱严格而又亲切。爱与责任是会转换的，因为爱才有父母的严厉目光，因为爱才有老师的严格要求，这是父母的责任，这是老师的责任。最重要的是，我们要明白，因为爱，我们才懂得了好好学习，好好做人，好好对爱我们的人给予回报，这就是我们的责任。

"学做于社会有用之人"主题班会

班会目的

1. 使学生感受到，家庭的发展与社会的发展是相辅相成的，无论是为了小家还是大家，我们都应做一个有用之人。

2. 使学生懂得，要做一个于社会有用之人，就要有爱心，知荣辱，有志向，有责任心。

3. 培养学生从现在立志，从力所能及的事做起，学做于社会有用的人。

班会准备

剧本编写,节目排练。

班会过程

主线:情境剧

主要角色:父,母,女儿,儿子,旁白

(父坐着看报纸,母坐着打毛衣,孩子们坐在旁边做作业)

旁白:一天晚饭后,邓洁同学的一家四口正各自忙着。

父:现在的孩子真是了不起啊!

母:谁家的孩子呀?

父:喏,你们都来看看报纸上写的。

(全家一起围了过来,看报纸)

女儿、儿子:12岁北京女孩王君婧——中国环境大使。

母:人家的女儿小小年纪就有如此壮举,不仅学习好,还为社会作了贡献。我们的孩子什么时候才能成为有用之才啊?!

女儿(到妈妈身边发嗲):我们听爸爸妈妈的话,学习不用你们操心,孝敬你们,尽好做子女的义务。我们老师说过的,对家庭尽责也是对社会有贡献的。

儿子:我们也有参加社会志愿者服务啊!

父:噢,是吗?你倒是说说你们都做了些什么啊?

儿子:我们学校组织了去敬老院慰问老人,去社区打扫卫生,每个班级还有服务队到超市、快餐店体验工作的。我印象最深的是为了宣传交通安全,我们去协助交警叔叔维持交通秩序。叔叔还教我们做交通指挥的手势呢!

(全家一副不太相信的神态看着他)

儿子:不信,我做给你们看!

手势操表演

旁白：在车水马龙的城市里，每天能平平安安上班，高高兴兴回家。你有没有想过是谁给了我们这样一个安全的道路环境？是的，那就是我们可爱的交警。无论刮风下雨，酷暑严寒，他们为了维持交通秩序，为人民安全保驾护航，总是屹立在街角、路口。

旁白：左转弯，右转弯，减速慢行，前车避让后车，直行，直行快速通行，靠内停车，停止。

女儿：我们班级也召开了主题班会，同学们介绍了很多普通人在平凡的岗位上为社会作贡献。你们知道，在上海有多少在册志愿者吗？

母：你说说。

女儿：有近30万呢！大家为困难的人献爱心，为病人献血、捐骨髓，为大型活动义务工作，支边支教等等。

父：只要我们有爱心，有责任心，有本领，可以为社会做的事太多了。我也要唱一唱，争做和谐社会好公民。

快板表演：争做和谐社会好公民

女儿：我们也有自己的歌，《青年志愿者之歌》，很好听的，我教你们啊！

全家：好。

歌曲演唱：青年志愿者之歌

（一人领唱，全班跟唱）

全家：我们倡议，大家一起加入社会志愿者的行列，做于社会有用之人。众人拾柴火焰高，我们一起努力创建和谐社会，和谐家园。

旁白：全体起立。（全体起立）

全班：我们宣誓：我们志愿加入社会志愿者行列，热心公益，从小事做起；奉献爱心，从身边开始；倡导文明新风，提高自身素养，做创建和谐社会的主人，做时代的先锋。

本次班会活动展示到此结束，谢谢。

"做一个有责任心的人"主题班会

班会目的

1. 让学生懂得一个人做事要有责任心，要有负责到底的精神，学会自己做的事自己负责。
2. 教育学生做事要认真，勇于承担责任，不推诿。
3. 通过活动让学生认识到做事不负责任，会对他人、集体、国家带来不好的影响。

班会准备

1. 学生注意观察我们班的同学做事负责与不负责的事例。
2. 班干部搜集同学发现的事例从中选两个有代表性的事例排练成小品。

班会过程

主持人（女）：责任心是金。俗话说："是金子总会发光的！"一个人有了责任心，他的生命就会闪光。

主持人（男）：责任心是美。当代人都追求美，追求外表的华丽、漂亮，却忘掉了心灵美，其实心灵美才是真正的美。

主持人（女）：一个人有了责任心，就拥有了至高无上的灵魂。

七 社 会 篇

主持人（男）：一个人有了责任心，在别人心中就如同一座有高度的山，不可逾越，不可移动。

主持人（合）：一个人有了责任心世界才更精彩、更迷人！7（1）班"做一个有责任心的人"主题班会现在开始！

一、列举没有责任心的行为，引入主题

场景1：每周一次的大扫除，开始很长时间了，场地上仍找不到人，卫生委员把这个找来，他随地捡了几张纸屑，走了，再找了一个，又是这样，每个人都认真地划分着自己的责任，不肯多动手一下。如果有谁缺席了，一定会给他留下一片区域，每个人振振有词地说："这不是我的任务了。"

场景2：在教室中，师生的一段对话耐人寻味。一位教师在责问学生："你的语文作业，还有语文课本怎么又忘带了呢？"学生振振有词，答曰："这能怨我吗？我妈昨天没有给我好好装书包。"甚至还有补充，"不信，你打电话去问我妈。"

场景3：为方便学生的外界联系，校园内新装了磁卡电话，可是两个星期后，磁卡电话就已面目全非了。校园内放置的垃圾筒等公用设施也是过不了多久就伤痕累累。

场景4：几个学生涮完拖把后，拿起自己的拖把，若无其事地离开水龙头。一位教师看到了，让他们把水龙头关上，而几个孩子的回答却是"水龙头不是我开的"，"不是我最后一个用水的"。

场景5：学校艺术节结束后，场地比较脏，而那正是我们班的公共区，当天值日生只有两人，我点名要4个学生留下来和值日生一起搞卫生。他们脸色一变，说什么也不愿意，理由就是今天又不是我值日。

学生讨论。

二、利用故事，说明什么是责任

主持人（女）：同学们，我们每个人生活在社会上，都在做着各自的事情，有的是国家和社会交给的事，有的是集体的事，有的是他人委托的事，做好这些事是每个人应尽的责任。

主持人（男）：是呀！下面请谭志成同学为我们讲"成长与责任"的故事，请大家鼓掌欢迎！

他，12岁起用瘦弱的肩膀撑起了一个家；他，11年如一日，一边读书一边克服难以想象的困难，照看时常发病的父亲，抚养捡到的妹妹。这期间，他也曾经动摇，也曾经想到逃避，但一种责任最终让他"只是默默地走，不愿放弃"。他就是洪战辉——湖南怀化学院的一名普通大学生，这位"带着妹妹上大学"的普通大学生以朴实的美德演绎着"感动中国"的动人故事。

然而就在他的事迹被媒体铺天盖地地报道的时候，他冷静地发表了一封《致新华网网友的公开信》，在信中他这样写道："我不接受捐款，是因为我觉得一个人自立、自强才是最重要的！苦难和痛苦的经历并不是我接受一切捐助的资本！一个人通过自己的奋斗改变自己劣势的现状才是最重要的！我现在已经具备生存和发展的能力！这个社会上还有很多处于艰难中而又无力挣扎出来的人们！！他们才是我们现在需要帮助的！！！！"还有一段是这样写的："普通人就应该做普通的事，尽自己应该尽的责任，这有什么奇怪的。要奇怪的应该可能是现在一些普通人不去做或者不愿去做或是不敢去做普通的事情，要么是不去尽、不愿尽、不敢去尽作为一个人应该尽的一点责任和义务。做人应该有责任心，能担多大的责任，方能成就多大的事业，我认为就是这个道理。"

主持人（男）：在这段文字中我看到了闪亮的两个大字"责任"。"做人就应该有责任心"，这是洪战辉的铮铮豪言。现在让我们再来听另一则故事。

在1922年美国国庆日前夕，一个11岁的美国男孩搞到了一些禁用的烟火爆竹，其中包括一种威力巨大的鞭炮，叫做"鱼雷"。一天下午，他走到一座桥边，朝桥边的砖墙放了一个"鱼雷"大鞭炮。一声巨响，让男孩神采飞扬，可就在这时，警察来了，把男孩带走，去了警察局。

警察尽管认识这个男孩以及他的父亲，但他依然严肃地执行对烟火的禁令，判定男孩交14.5美元的罚金，当时14.5美元可以买145只母鸡，这可算是一大笔钱。这个男孩自然交不起，只好由父亲代交。父亲说：

七 社 会 篇

"钱,我可以先借给你,但一年后还给我。"从此,小男孩就开始了艰苦的打工生活,他做了许多零工活才还清他欠爸爸的那笔罚金。这个男孩就是后来成为美国总统的里根。

这件事让里根懂得了什么叫责任,那就是一个人要对自己的过失负责,犯了错就该勇于承担后果,不逃避,也不推卸责任。

三、表演小品

主持人(女):正因为里根富有责任心才使他拥有了至高无上的灵魂和坚不可摧的力量。下面请欣赏小品《小明的值日工作》,看看小品中的小明做得怎样!

小明在教室扫地时,对旁边的同学说:"我上厕所!"但当其他同学都扫完地了,小明都还没有出现,这时,一个在学校搭午餐的同学走进教室对他们说:"刚才我看见小明从后门走了!"

主持人(男):看了小品,你们觉得小明负责任吗?你会给他提什么建议?(学生自由发表意见)

主持人(男):做事不负责任会对他人、集体带来不好的影响,希望同学们能从小明的行为中吸取教训。下面我们再来看小品《小组长》。

(在学校)语文老师因少收 3 本作业,批评了语文课代表小芳,张东知道后,主动找老师承认自己没把小组长工作做好。

主持人(女):你觉得张东是一个怎样的人?(学生说出自己的看法)

小结归纳:负责任不仅表现在认真完成任务,而且表现在自己所担负的工作出了问题,勇于承担责任,不把过错推给别人。

四、学生列举班级"责任心"强的事例

主持人(男)生活的美需要我们去寻找、发现。在我们的学习生活中,你发现了哪些"责任心"强的事例呢?

(学生自由发表)

五、读名人名言

主持人(男):关于责任心,自古就有许多人加以传诵,让我们一起

读读以下的名人名言吧!

(屏幕出示下列名人名言,全班同学齐读)

实力永远意味着责任和危险。——罗斯福

说话随便的人,便是没有责任心。——哈代

有责任心的人,最有智慧,不负责任的人,最没出息。

六、写努力完成的一件事,贴"心",明确目的

主持人(女):同学们,你打算怎样培养自己做事负责任的精神呢?把你现在最想努力完成的事写在心型纸上并贴在黑板上。(响音乐,学生写并贴上黑板)

主持人(男):有爱才会有责任,

主持人(女):有爱才会有幸福。

班主任总结

责任心是金。俗话说:"是金子总会发光的!"一个人有了责任心,他的生命就会闪光。责任心是美。当代人都追求美,追求外表的华丽、漂亮,却忘掉了心灵美,其实心灵美才是真正的美。一个人有了责任心,就拥有了至高无上的灵魂。一个人有了责任心,在别人心中就如同一座有高度的山,不可逾越,不可移动。一个人有了责任心世界才更精彩、更迷人!

责任对于人就像水有了岸一样。责任是承担忧患的力量;是缓解纠纷的机智;是宽容别人的度量;是克服斤斤计较能屈能伸的一种大气。责任不仅能给予他人以满意和快乐,而且还会使自己更美丽、更高尚。

同学们,你们是祖国的未来,你们的道路任重而道远,唯有树立责任意识,你们才能取得更大的进步,才能拥有更好的发展。就让我们从捡起自己脚下的纸屑开始,从每天的清晨开始,做一个有责任感的人!脚踏实地,拼搏奋斗,你们一定可以成为祖国有用的栋梁!

附:**调查问卷**

列出你的优点、缺点、不足、爱好、特长

你容易生气吗? □是　　□否

七 社 会 篇

你容易平息怒火吗？□是　□有时　□较难

如果你被不顺心的事情困扰，你会用什么方法令自己从中解脱出来？

一般情况下，你会信任别人吗？□会　□不会

为达到预期目标，你会容易放弃眼前利益和舒适吗？

□会　□有时会　□不会

有人尴尬时，你会：□寄予同情　□无动于衷　□觉有趣

你对服务员是否像对朋友一样有礼貌？□是　□有时　□否

朋友求助，你总是：

□真心相助　□并不全力，只是给一些指导和劝告

□同情地倾听，但不施援手　□希望他们另找他人

列出常困扰你，你觉得难以解决的问题。

八、网络篇

随着信息技术的迅猛发展,我们已经步入了网络时代。中学生也不可避免的要接触网络,然而目前中学生上网主要是游戏、娱乐和交友。而且,由此引发了一系列的负面影响。一是网络信息良莠不齐,拜金主义、享乐主义等腐朽思想泛滥,而中学生思想道德观念还没有成熟,极易受其影响,另外,网络也是色情、暴力等文化垃圾生存和传播的土壤;第二,部分学生迷恋网络,严重影响了正常的学习与生活,对自己的身心健康及家人都造成了很大的伤害。

以网络为主题的班会,主要目的在于使学生意识到迷恋网络的危害,通过具体的事例和传播有关上网可能导致心理障碍的信息,使学生尽量避免上瘾。对于已经对网络开始迷恋的学生,老师要号召其他同学一起帮助他,给予更多的关怀和帮助。

当然网络也有它积极的一面,合理利用,对于青少年的发展会起到促进作用。网络资源极其丰富,可以开阔学生视野,了解最新信息;还可以加强对外交流,实现交流的自由化,增强青少年的社会参与度;同时还可以提供各种类型的教学资源,有助于拓展学生的受教育空间。所以,班会的另一个目标就是引导学生合理利用网络。学生之间相互交流,提供一些有益的网站;也可以分享自己在网络上的收获;教师对其进行整理,在网络上建立班级的一个平台。

主题设计案例

"走进网络"主题班会

班会目的

互联网的建设对扩大学生的知识面,提高学生处理信息的能力起到积极的作用,但网络信息鱼龙混杂,对学生思想品德形成的影响,既有积极的一面又有消极不利的一面。应通过有效引导,使学生充分利用互联网的优势获取更多的知识,同时避免陷入"误区",促进学生身心健康成长,顺利完成中学学业,以崭新姿态把握自己,迎接马上临近的中考。

班会准备

调查问卷设计,调查统计。

上网情况问卷

1. 你是否有上网(　　)

　　A、有上网　　B、没有上网

2. 上网的时间(　　)

　　A、经常　　B、一周一次　　C、一月一次　　D、偶尔有

3. 上网的目的

　　A、看热点新闻　　　　　　B、上聊天室聊天

　　C、玩游戏　　　　　　　　D、查找学习资料

4. （1）上网入聊天室（　　）

　　A、有　　　B、没有

（2）入聊天室占上网时间的比例（　　）

　　A、全部　　B、3/4　　　C、1/2　　　D、1/3以下

（3）入聊天室的目的

　　A、交朋友　B、学习　　　C、倾诉　　　D、宣泄

5. （1）上网玩游戏（　　）

　　A、有　　　B、没有

（2）玩游戏的时间占用电脑时间的比例（　　）

　　A、全部　　B、大部分　　C、小部分　　D、没有

（3）玩游戏的目的（　　）

　　A、娱乐　　B、锻炼手脑　C、赌博　　　D、竞赛

（4）认为玩电脑游戏是（　　）

　　A、增长了知识　　　　　　B、锻炼了手脑

　　C、影响了学习　　　　　　D、影响健康

6. 互联网对个人兴趣爱好性格的影响（　　）

　　A、兴趣更广泛、求知欲更强

　　B、对其他活动的兴趣减少

　　C、淡化了与人的交往，性格比以前孤僻

　　D、业余时间充实有意义

班会过程

师：21世纪是网络的时代，我们的生活、学习、工作等都离不开网络。科学技术的日新月异，快捷、便当的互联网便为大家了解、认识、探索外面的世界提供了一条捷径。不容忽视的是，当前许多同学却沉溺于网吧不能自拔，把大量的时间用于上网聊天、游戏和交友等，给自己、家庭、学校带来了一系列的问题。这次班会，我们来走进网络、讨论网络、正视网络。

一、学生阐述对互联网的认识（对互联网不客观、错误的观念给予纠正和引导）

二、小品表演和上网心理分析

1. 小品表演：

小明对上网入了迷，经常沉迷于玩游戏、聊天交朋友。而其父母认为是孩子学习累了，让他放松而不加以引导和制止，结果小明的学习成绩直线下降。为了小明的学习能有回升，规定小明在没有考上大学之前不准碰电脑。沉溺于电脑的小明出走了，找到网上认识的朋友，而这些朋友却没有收留他，小明彻底绝望了，无路可走的小明只好认错回家。

情景中的小明因为处理网络和学习、娱乐的问题不妥当，与家长发生了争执。本次事件中的"当事人"之一的网络，它在我们的学生的生活中究竟扮演什么角色？（学生发言）

2. 上网心理分析

（1）挑战好奇——网上游戏：网上游戏的设计完全抓住了中学生的好奇、好胜及征服欲望等心理特点，使自控能力差的学生迷恋于其中。

（2）寻找友情——网上交友：通过网上聊天交友，可以了解异性内心的感情世界，感受到异性的体贴和理解，同时释放、缓解自身的情感压抑。这整个过程进行得比较秘密，不会招致老师和家长的过问。

（3）倾诉烦恼——网上聊天：由于网上空间的隐蔽性和虚拟性，不必公开自己的真实姓名和地址，不必担心对方会泄露自己的小秘密，思想没有负担，可以进行真实的对话。因此学生有了烦恼不愿向老师和家长诉说，却愿意向自己的知心朋友倾诉。由于怕朋友泄露秘密或不理解，网络就成了中学生的最好选择。

三、学生叙述上网对学习的影响

班主任总结

网络是一把双刃剑。中学生上网，虽然能获得一定的知识信息，达到心理某些方面的平衡，但负面影响应该引起大家的重视。首先，要提高对网上"江湖骗子"的警惕；其次，要当心网上"黄色垃圾"的腐蚀；最后，如果沉溺于虚幻的网络世界，长此以往，除影响正常的学习外，还使自身惰于或疏于与他人进行交往，容易形成孤僻、内向、不合群等心理障碍，不利于中学生心理健康和成长。关于网络与学习的话题是永无止境的，本节班会课带给我们的不仅仅是对网络的认识，更多的是思考。

"网络让我欢喜让我忧"主题班会

班会目的

让学生正确认识网络。网络好比一把双刃剑，正确利用可以对学生学习、生活有很大帮助。

班会过程

一、主持人开场词

二、学生讨论：说说自己上网的经历感受，身边的网瘾现象

三、看录像（上网的正反面教材），大家说感受

四、学生讨论：对网络的认识（同学谈）

五、小品表演

演员1：我是网络小队队长小新。上网可真棒，只要你愿意，无论何

八 网络篇

时何地，你都可以让自己眼观六路耳听八方，让人类文明的精华在你指尖跳动，自从在家长的正确指导下利用课余时间上网，我学到了好多书本上无法学到的知识，老师夸我越来越优秀。瞧我上网的成果（展示他网上下载的信息）。

演员2：我也是一名网络队员，又是班上的电教员，平时我在班上不但表现、成绩都好，也是上网高手。我喜欢校园网络，它为各校学生交流学习信息提供了方便，网上形象、生动的教学片断，使我对知识有了感性的认识。有了网上教室、多媒体，我们学知识更轻松、更牢固，我渴望从网上学到更多的知识，而且，我的学习主动性也增强了（展示他网上下载的信息）。

演员3：网络真害人！我拒绝上网，瞧咱班上的小斌，自从迷恋上网络真像变了一个人，活泼开朗的他变得孤独，平时很少言语，不愿与他人交往，听说他是因迷恋上网，患了"自闭症"。我想可能是网络世界的"自由度"使他在网上口若悬河无所顾忌，而一旦回到现实中就感到不适。你们看网络多害人！

演员4：当网络走近我的生活时，我兴奋，我非常高兴我能赶上潮流、跟上时尚，出于好奇心，我只要有时间就上网，每天在这"自由的王国"里神游，慢慢地我迷失了方向，原本上进、爱学习的我变了，其实有时我也很迷茫、痛苦，我很想改变现在这个局面，老师、同学们，你们能帮助我吗？

六、分组讨论：如何利用网络方法

七、谈感受，说说以后怎样做

班主任总结

同学们，面对网络世界无需畏惧，只要正确处理好上网与学习、生活的关系，树立正确的人生观，学会趋利避害，掌握上网的正确方法，如合理安排时间，合理选择信息，你们就能经受住网络时代的挑战。

"中学生上网利大还是弊大"主题班会

班会目的

1. 让学生明白,在今天的社会中,网络对中学生的影响,到底是正面还是负面。

2. 通过班会使大家明白:中学生到底应该不应该上网,网络对学生意味着什么。

班会准备

1. 召开班级干部会,了解学生对以上问题的观点,确定辩题。
2. 发动学生查找论据,充实论点。
3. 形成材料培训辩手。
4. 制作课件。

班会过程

主持人:20世纪90年代以来,全球网络技术飞速发展,互联网以其不可阻挡的影响力,渗透到社会生活的各个领域,它以前所未有的速度改变着人们的生产、生活和思维。一个全新的"网络"时代正向我们走来,正向青少年走来。面对网络,我们应该如何选择?我们先来看看以下这些事情:

前年，我校一位初三女生失踪，其父亲没有去公安局报案，而是找遍了全县的网吧，最后在城东南角一家网吧里找到了她。

去年有一名初二男生，让同学捎来了其父亲给写的病假条，三天后，老师带着全班的班干部去年看望这位有病的同学，然而在他家里，碰上了如梦初醒的父亲，原来孩子已经三天没有上学了，事后老师也才弄明白，原来请假条是网吧老板代替完成的。三天没来上学的孩子不是去看医生，而在网吧过了三天。

凡此种种无不说明，上网的青少年已成为不可忽视的一个群体，流浪网吧的少年随处可见。为什么有如此多的青少年迷恋上网？上网又会给他们造成什么影响？究竟如何去解决这个问题？为了探讨这些问题，解决途径，我校于今年年初开始便承担了关于学校与网络的课题。现在研究处于第一阶段。在今年暑假里，学校安排给学生们一项社会调查任务：查找各种资料实地考查，写出关于"中学生上网的利与弊"的调查报告。通过查阅同学们上交的调查报告，同学们所持的观点大致可分为两种，一种认为网络给中学生带来弊端太大，应对网络说不；一种认为新一代的中学生，应该打开电脑，上网从今天开始。所谓真理越辩越明，针对上述两个观点，今天我们就开一个小型的辩论会，辩论会的题目就是：中学生上网利大还是弊大。

在辩论之前，我们请班长来阐述一下本次班会的目的的意义。

班长：

尊敬的各位领导、老师，同学们，大家好！

今天我们在这里以辩论的形式来召开主题班会，其目的是让大家明白，在今天的社会中，网络对中学生的影响，到底是正面的还是负面的。使大家通过这次班会能够明白一个道理：中学生到底应该不应该上网。网络对我们意味着什么？解决这个问题，对我们今后的学习与生活都是非常有益的。在班会中希望大家能够畅所欲言、各抒己见，能够解决同学们心中的疑问，才是我们这次班会的真正意义所在。最后，祝愿本次班会回满成功！

主持人：好，谢谢班长同学。那么我们的辩论就要正式开始了，在这次辩论会中，由我来担任辩论会的主席，下面我们欢迎双方辩手入场。

我来介绍一下，坐我左边的就正方（介绍辩手），他们的观点是：中学生上网利大于弊。坐在我右边的是反方（介绍辩手），他们的观点是：中学生上网弊大于利。

在介绍过双方辩手之后，再让我来介绍一下本次辩论会的评判团。（介绍）

好，下面宣布辩论会正式开始。首先是程序辩论，请正方一辩手来阐述他们的观点，时间2分钟。

正1：尊敬的各位领导、老师，同学们，大家好！

今天我方的观点是：中学生上网利大于弊。

在世界上近几十年来，如果想找出一项发展得最快的工业产业，那么肯定是电脑工业。从美国宾西法尼亚大学里发明的第一台又大又笨的原始电脑到如今短短的几十年时间里，电脑经过五代的更新替换，现在已遍布了世界上的每一个角落。无论是工业生产、医疗设施还是边防建设、文化娱乐，无一没有电脑的参与，并且正逐渐变为不可替代不可分割的一个重要组成部分。电脑在各个领域里起着无法比拟的作用。

而电脑之所以具有如此重要的作用，这就绝对离不开网络。大到世界范围内的互联网，小到办公室或学校的局域网，网络把原本独立的个体电脑联系为一个可互为利用、互为维护的整体。时至今日，可以说如果没有网络，那么电脑存在的实际意义绝对不会像现在一样，换句话说：没有网络，电脑的作用只能发挥1/10或更少。

今天在这里我们要讨论就是网络。其实网络的作用在报纸杂志或电视等媒体中已充分地向所有人也包括在座的各位同学及对方辩友说明过，甚至于现在很多教育类的电视台每天都在固定的时间内向公民宣传网络，这也使网络不再神秘，更使上网成为一件时髦的事，人们已把口头称呼从"吃了吗？"改为"上网了吗？"就连我们并不发达的义县城，也网吧林立。

网络因其强大的传送功能，无与伦比的信息储备，快捷方便的操作方

八 网络篇

式，使老幼妇孺都流连忘返，更成为许多人的一种谋生手段。

任何一个明理的人都已看出，网络是一种趋势。前些年春节联欢晚会上的小品中，宋丹丹对赵本山说："你没啥事，在家就整个网上网呗。"除去其中的娱乐成分，这句话也表明了，网络已走进了千家万户，已成为人们生活中的一部分。所以学习网络，认识网络，了解网络，也成为了人们生活中一个常识性问题。上网是在所难免。近两年来高考的学生已经开始在网上查自己的分数了。

所以说中学生上网是避无可避的，是一种生活的趋势，也是一种世界范围内的文化生活趋势，有人说，21世纪的人要掌握三种基本的生活技能"上网、开车和讲外语"。三种缺一不可。

由此可见，中学生上网可以说根本无利弊可谈，因为这根本就是一种生存下去的方式，是必要的，更是必须的。

主持人：正1的发言果然很有气势，所谓开篇不凡。那么我们再来听听反1是怎么来阐述反方观点的，有请反1发言，时间2分钟。

反1：在春节联欢晚会上，宋丹丹说："你没事就整个网，在家上网呗。"紧跟着赵本山说："我都多少年不打鱼了，哪还有网了。"网络真的那么深入人心吗？

今天我方的观点是：中学生上网弊大于利。

首先我想提出的是，对方辩友在玩弄偷换概念的把戏。刚刚我一直在认真地，一字不漏地倾听对方一辩的发言。当我听完之后，又看了一下今天的辩题，我甚至有点疑惑了，我们今天要讨论的不是中学生上网吗？可对方一辩却向大家侃侃而谈了一下世界形势，同时又将网络云山雾罩的说了一通，但却偏偏忘了一个重要的中心环节：中学生。现在让我把跑题的对方辩友带回来，我们来谈谈中学生。

中学生指所有如我们一样坐在初中课堂里的学生朋友们，从13岁到16岁，一段人生中如黄金般灿烂的日子，一段丰富、充实自己的日子，一段在知识的海洋里浅游的日子。这时期是一个迈向成年的组成阶段，也是大人们口中"好孩子"与"坏孩子"的分水岭，可以毫不夸张的说：它是一个人在人生中最重要的时光。

几乎每一个人都能从小学顺利地升入中学，哪怕他的成绩不是那么让人称心。但却并不是每一个人都能从中学顺利地升上高中或中专。在我们身边就有很多人迈出初中的校门后，却无奈地迈向社会，甚至有的人连初中都没能读完。当然，这其中的原因林林总总，我也不能一一道来，我在这里只说一点，也是最重要的一点：学习成绩！

尽管素质教育的大旗高高挥舞，但成绩永远不会排在中学生活的第二位。没有成绩就没有一切。我们中学生来到校园就是为了学习文化知识，就是为我们的一生做重要的知识储备。学习永远是第一位，也是你坐在课堂上的一个重要目的。

但上网不是，上网绝对不会是你的父母把你送入学校的目的，上网只能成为一种负累，成为学习前途上的负面因素。尽管网络的存在不可否认，但无论是哪一所中学都明文规定：中学生不准去网吧。1999年，国务院、国家教委、文化部联合下达的文件中，明确指出：网吧要远离学校200米。在中学生的面前，网吧等于歌厅、舞厅、游戏厅。它所带来的负面影响，不仅是学习方面的，更是生理和心理上的。一个在电脑面前身心憔悴的学生，试问他如何可以提高学习成绩？如何升学？如何拥有一个美好的将来？

网络对社会的作用不是今天要辩论的话题，但网络对中学生的负面影响却已成为一个社会性问题，上网绝对是中学生的一个禁区。

主持人：反1同学说得也很有道理，接着有请正2来发言，时间2分钟。

正2：对方辩友深刻的向我们阐述了"中学生"这三个字，并说我方跑题了。但是请问，对方辩友你可否认真地向在坐的每一个人说清了"网络"这两个字？对方辩友很显然是想用"中学生"这三个字做成一面盾，但却不知你们能否挡住"上网"这柄锋利的矛。

通过刚才对方辩友的发言，我方止少看出了这样一件事，那就是对方辩友是把上网等同于上网吧了。看来，我非常有必要把对方从这个误区里带出来。

网吧，它只是一种网络的运作方式，更准确地说它只是一些人的谋生手段，但它并不代表网络的全部，更不是人们上网的唯一场所。各个中学也包括我们中学在内，的的确确是明文规定中学生不许去网吧，但却并没有规定中学生不许上网。我就是一个网上的发烧友，但我从不去网吧，我只在自己家里或是亲戚朋友家里上。上网是件好事，但并不能因为网吧的乌烟瘴气，就把上网也一棒子打死。马克思说："不要在泼水的时候连同污水和婴儿一起倒掉。"这就好像是我们不能因为一条毛巾脏了就永远不洗脸一样，你完全可以换一条毛巾。没有了网吧，网络依然存在，并且会更健康。

对方辩友也一而再，再而三地提到，中学是储备知识的时候，知识是多方面的，上网也是知识，并且网络上的知识浩瀚如海洋，不单单是中学阶段，它是我们一生都可能学不完的庞大的知识体系。我们学校就有微机课程，并且为此今年我校花巨资又建了一个新的微机室。你又怎么知道我们学校不会在哪一天的微机课上教大家网络知识，不会教大家上网呢？如果按对方的观点，我们学校不但不应该新建微机室，更应该把原有的微机室关了才对。

事实就摆在眼前，不要一谈到学习就想到"数理化"。听说计算机课程就要成为新课程标准的必修课了。

我们还是把话题重新放在中学生上网上，免得一会对方又说我方跑题了。网络是什么？对我们来说就是知识的海洋；上网是什么？就是学习知识的重要手段。如果我面临中考，我会在中国教育信息网上，找到近几年来的中考试题。中考完毕我又可以在网上找到我的成绩。如果我想找一本参考书，我可以查阅"中国北方图书城"的网站。我需要的就是一台连接了网络的电脑。但我不知如果是对方同学面临这些问题时，你要找多少关系？托多少人情？跑多少冤枉路？花多少不必要的钱？更重要的是要浪费多少宝贵的时间才能办到？

不要固执己见，要放眼认识网络。网络既然已变成了社会生活的一部分，那么中学生又怎么可以变成不食人间烟火的另类部分呢？

主持人：正2对己方观点进行了补充，现在正方的堡垒在层层加高，就要看接下来反方的攻势了，有请反2发言，时间2分钟。

反2：首先我很羡慕对方同学可以在家里自由上网。而且听来你的家里也支持你上网。但我不知道是否所有的家长都支持自己的子女上网，更加不知道的是是否所有的学生家里都有电脑。而最让我不明白的是：所有上网的中学生在上网的时候都如对方同学一样，只为了查一查学习资料？

毛主席说："没有调查，就没有发言权。"

为了这次辩论会，我走访了10家网吧，而时间是晚上7点，也就是吃过晚饭应该做作业的时间。但我在网吧真的碰到了不少的中学生，或者也可以说上网的主要人员就是中学生。

统计结果请大家看大屏幕：表1（略）

可以从表中看出，进入网吧的大都是以学生为主体。学生之所以进网吧，是因为网吧具有新鲜感，网络更是奇妙无比，这很符合当代中学生的兴趣，但网吧如此依赖学生，也很令人担心。走遍10家网吧，我发现了一个很奇怪的现名胜，并将其量化列表。

表2（略）

社会上流行这样一种说法，网吧是电子游戏的升级版本，流言可以不信，但事实胜于雄辩。综合以上两表，不难看出，一个网吧的收入如果没有学生的"支持"，就会缩水66.8%；一个网吧如果不经营游戏，那客流量就会只有现在的19%。这是网吧还是游戏厅？这一切都不言而喻。

我碰到了一位我的小学同学，他正在全神贯注地玩一个叫"传奇"的网络游戏。说出来大家可能不信，网吧老板说，我的这位玩游戏的同学已经在网吧一天一夜没回家了。我当时就是不明白，这个游戏真的那么好玩吗？经人介绍我找到了这个游戏的论坛，也就是游戏玩家们互相交流经验的地方。那个网站叫做17173。我在那上面发现了这样一篇文章，是一个中学生写的，大概内容如下：

我强烈要求盛大网络公司对此事负责，包赔我的一切损失。我玩这个游戏已经半年了，这半年来，我几乎就没去这课堂，近一个月来我连家都没有回。这个游戏里的ID就是我的命。我练到了35级，从家里偷出一千

八 网络篇

块钱,全都花在"传奇"上了。前天我把我们网吧里所有玩这个游戏的人物里的传奇币借齐,想买一本《神兽》,但今天上线的时候,我的游戏账号居然丢了!!我玩了半年的心血全白费了。盛大公司,你们一定要负责这件事,你们代理了这个游戏,就要给每位玩家一个合理、公平的环境。现在我的账号丢了,我的《神兽》没了,你们一定要赔给我,不然我就去上海找你们,我说得出做得到。

虽然对于游戏中的术语我们可能听不明白,但是事情却很清楚。这就是在网络中流连忘返的中学生群体。不是每一个人都像对方辩友那样理智地畅游网络。我眼中的事实可以让对方的论证不堪一击。中学生的自制力绝不会使他正确地对待网络。上网对于大多数中学生就是一个无底深渊。我们没有时间用自己的生命来让网络考验,我们只能拒绝,就如同拒绝毒品一样,精神上的鸦片更能让没有自制力的中学生无法自拔,当你醒悟时,后悔也晚了。

鲁迅在《狂人日记》中高呼:"救救孩子吧!"难道今天我们不应该发出同样的声音吗?

主持人:现在双方锋芒必现,大量的事实摆在眼前,我们更要仔细听听正3的发言了,时间2分钟。

正3:听完对方发言,我的心情也很沉重。但这不足以说明中学生不应该上网。如果把今天的话题改一改,改为"中学生上网吧利大还是弊大?"那么我想对方辩友已经赢了,对方的发言,只是一再证明了中学生不应该上网吧的观点,但不能以偏盖全。

我想刚才我方二辩手已经很明白地向对方说明了网吧并不能代表网络的全部,它仅仅是网络存在的多种形式中的一种,对方辩友对网吧的深恶痛绝,我个人完全理解,但我也明白对方辩友把话题越扯越远了。对方辩友仅仅把目光局限在网吧这一环节上,并且不厌其烦地想用网吧的阴暗面来笼罩整个网络,可谓用心良苦。唉,都是网吧惹的祸。

我们还是回来说上网的事吧。很明显,对方二辩想用"中学生的自制力弱"这一句话,来挡住上网这个本来就无法阻挡的事。并且把一部分人的弱说成全部的弱，把他一个人在网吧中看到的中学生说成全部的中学生。如果按对方的思维方式，那么我们去看看那些少年罪犯，是否应该说说一句："完了，所有的孩子全都没救了。"或者我们再想想，在解放战争时期，红军战士面对八百万国民党军队难道应该叹口气说："算了，别打了，我们太弱了。投降吧。"听起来很荒唐，但这却正是对方的观点。

在学习中，老师告诉我们要刻苦钻研，不能见困难就躲。上网不也是如此？任何事物都有它的两面性，中学生在网吧里玩物丧志，荒废学业，确实是个社会问题，但这并不代表上网就是不对的。几乎中国所有的官方网站上都能找到这样一句话："未成年人上网，要有监护人陪同，时间不宜过长。"这不就是一种解决的办法？而且前些天在《中国教育报》上报道说：北京的二中、四中、十八中等中学，已将网络引进了校园，使学生可以在课堂上轻松上网，从初中阶段就开始对网络有一个初步的认识。这也说明社会各界都在寻找一种办法，一种可以让中学生正常合理地上网的途径。问题不大，解决办法却是多种多样的。

这就正如刚刚我方一辩说，上网是一种趋势，并且正逐渐成为一种生存方式，当你步入社会后再想重新学习网络的时候，你会发现你已经落伍了。学习就从现在开始，上网就从今天开始。我们要学会的就是利用网络这种工具为我们的学习生活服务，我们要做的就是用上网这种手段来获取更丰富、更全面的文化知识。

网络存在的合理性，我方已一再说明，现在只是奉劝对方辩友，把你的目光放得更长远，好好地想一想你的，也是我们全体中学生的未来。

主持人：果然有理有据。听完正3的发言，我们对正方的观点已有了一个全面的认识。在第一阶段辩论的最后时间里，我们来看看反方的最后一搏。请反方发言，时间2分钟。

反3：是呀，是要想想我们的未来，正因为要畅想未来，我们才更应该正视现在。

刚刚对方三辩手为中学生上网做了一个梦一般美丽的构想，并幻想着有朝一日我们也像北京的中学生一样坐在课堂上上网。但却绝口不谈发生在我们身边的事,绝口不谈我们生活的中心地区。为什么呢?因为在我们这里,在我们义县城里,我们在现实中所看到的,所听到的事实,会让对方的观点瞬间化为乌有,会将他的美丽的构想无情击碎。

不要做太遥远的梦,还是请对方辩友回到现实中来。今天对方辩友一直很矛盾。他们一方面千方百计地想努力证明网络存在的合理性,另一方面他们又不得不尴尬地面对黑暗的网吧。这使他们遮遮掩掩,又无法自圆其说,我想他们绝对没有像我方二辩手那样去网吧做过实地调查,这也使他们的论证也只能成为空中楼阁,经不起推敲。

我方一直在努力地做一件事,就是把对方辩友拉回到现实中来,看看发生在身边的事。在今年第三期的《法制与文明》杂志中曾有这样一段话:"现在中国的少年犯罪中有一种新的趋势,那就是网络犯罪。并且网络犯罪的年龄段正在逐渐变小,据统计最小的网络罪犯只有13岁。大多数的网络犯罪都是在其本人并不知道的情况下构成的。当冰冷的手铐铐在他们双手上时,幼稚的孩子根本不知道自己已经犯罪了。"

在我们身边很多洋洋得意的"少年电脑黑客"却是一个个的法盲,当他们为自己的恶作剧手舞足蹈时,绝对没有想到他们已经触犯了神圣的法律。有这样一则报道:中国湖南省台县的一个中学生,受到其学习计算机专业的哥哥的影响,学习计算机网络,并且飞快掌握了部分计算机网络的知识,使很多网站的原代码甚至FTP被他截取,这使他不但可以畅游各个合法的与不合法的网站,并且还可以随意更改网站的数据,于是他一次又一次与各个网站开着在他看来完全是"善意"的玩笑。结果可想而知,在他打乱了正常的网络秩序之后,呼啸而来的警车也打乱了他的生活秩序。警察几乎不敢相信眼前的小男孩就是一个罪犯,他自己也后悔地说:"早知道是犯罪,我也不敢这么干呀。"

这就是所谓的网络高手,他们或许不像我方二辩手说的那样沉迷游戏,他们甚至严格地规定了自己的作息时间,上课认真听讲,回家完成作业,但他们所造成危害是沉迷游戏所无法相比拟的,害人害已。

1994年美国中情局抓到了一个常年光顾五角大楼网站的电脑黑客,也只是一个16岁的犹太男孩。

中学生的知识面并不是想象中的那样宽广,就算在座的各位同学,哪一位能把《中国宪法》一条条地背出来?为了自己也为了别人,中学生呀,还是早早的告别网络吧。

主持人:很显然,正反双方在班会之前都下了大力气做准备工作,在辩论的第一阶段就火药味四起,剑拔弩张了,可想而知,下一阶段的自由辩论肯定是火星撞地球了。好,我宣布进行辩论第二部分,自由辩论,正反双方发言各3分钟。首先由正方来提问。

(自由辩论)

正:我想请问对方同学,你们上过网吗?

反:当然,正因为我们上过网,所以我们才切身体会到网络给中学生造成多大的危害。

正:那么我又请问,你们在网上做些什么?

反:看来对方辩友又想用一个人来代替所有人了,如果我上网没有玩游戏,对方是不是会说所有上网的中学生都不会玩游戏呢?

正:可这才是你的切身体会呀。

反:那么我在网吧里看到的一切,对方又做何解释呢?

正:那我要用你的话来劝劝你自己了,你们不能以偏盖全,你看到的也不是全部。

反:看来对方辩友的确没有做过实地调查。如果从网吧的角度来看,对方是完全没有发言权了?

正:不明白的是,对方辩友为什么一口咬定网吧就是网络的全部?

反:那是因为我方调查过,90%的中学生上网的地方就是网吧。

正:看来对方一定是要死死咬住网吧不放了,你们一定没有仔细想过上网已是一种国际趋势了?

反:我们眼中看到的是中学生这个薄弱群体在这种国际趋势前不堪一击的事实。

正:对方一定又想用网络游戏来做挡箭排了,难道网络上除了游戏就没别的吗?

八 网 络 篇

反：网络上当然有别的，网络上还能找到当红歌星的海报，但这与中学生更扯不上关系。

正：看来对方辩友一定是网络娱乐版的爱好者，至少在各大官方网站上都有这样一句话，你上网的时候一定看到过：未成年人上网，要有监护人陪同。

反：是呀，在每一个香烟的烟盒上都写着：吸烟有害健康。但却从未听说过有人因为这句话而戒烟了。

正：上网与吸烟是不能互相比较的。

反：的确，对于中学生来说，吸烟的危害只是上网的1/10都不到。

正：那么对方辩友宁可选择吸烟也不选上网了？

反：我不选择在中学阶段上网，并且我想提醒对方一下，吸烟不是今天的辩论话题。

正：那我们就接着来说上网。对方说不选择中学阶段上网，那什么时候上？等你步入社会以后吗？你觉得在将来的社会里，一个不懂网络的人会找到一份称心如意的工作吗？

反：至少我们现在看了这样一件事，只要一谈网络，对方辩友就把我们带到未来去，我们难道就不能正视一下发生在眼前的事？

正：说未来，正是要告诉对方辩友，上网就应该从今天做起，这是一而二二而一的事。如果无所谓未来，那么现在就失去意义了。

反：如果现在就在网上流连忘返，荒废学业，你会有一个光明的未来吗？

正：难道对方辩友就看不到社会各界正在动用各种手段把中学生上网拉到正轨上来吗？

反：不知道"社会各界"是否也包括商业界的网吧呢？

正：网吧也有法律来约束。

反：对方突然谈起法律，我不知对方辩友对青少年网络犯罪怎么看？

正：那一样要由法律来约束。

反：可是我觉得不上网的话就永远不会有网络犯罪。

正：是呀，如果没有飞机，美国的大楼也一样不会倒，但9.11发生一年多来，美国的飞机都没有停飞过。

反：对方辩友的想象力真是丰富……（停）

正：对方一再说我方只谈未来不谈现实，但对方辩友难道过了今天就没有明天了吗？

正：对方辩友为什么非要一再的想用网吧这个概念来代替全部网络？这不是以偏盖全吗？（停）

主持人：自由辩论果然精彩，老师也听得耳目一新，今后真的要对这几位同学刮目相看了。老师坐在这里，听来听去，觉得哪一方说得都有道理。看来最后的胜负，要看关键的总结陈词了。先由反方四辩来做最后的陈词，时间3分钟。

反4：首先我想阐明这样一个观点：我方并不否认网络存在的合理性。但我又想再一次提醒对方辩友，今天要讨论的是"中学生"。在这次辩论会上，正方把辩论话题的时间性无限延长了，他们用一个很空洞的词汇"未来"，来向在座的所有人编织一个并不存在的幻想，他们一直想用这种"画饼充饥"的方式来医治网络这个摆在中学生面前的顽症。

很明显，只要一谈到网吧，那对方辩友就想用自己来做挡箭牌，他们总想用自己的所作所为来代替所有中学生。看见一个人做好事，并不代表全社会的风气都在往好的方向转变，东北人并不都是活雷锋。

只要细细的一听，就不难听出对方辩友今天的论据破绽百出，他们所能做的就是一味回避摆在眼前的事实。一方面想努力证明网络的好处，另一方面则根本无法正视网吧对中学生存在所造成的负面影响，其结果只能进退维谷，自乱阵脚。对于中学生沉迷游戏不能自拔的现象，对青少年网络犯罪上的日益猖獗，既找不到一个切合实际的解决办法，又找不到一个正当的理由来反驳，对于我方在这类问题上的提问只能避而不谈，不闻不问，躲在自己的空中楼阁里一味大谈"理想、未来"。实在搪塞不过，就用官方网站上的几句华而不实的标语来敷衍了事，这种做法更是不现实也是不可取的。

纵观整个辩论会，对方辩友对我方所提出的种种问题始终无法一一解答。其实又何止对方辩友，我方提出的问题也正是全社会都在苦苦思索的

八 网络篇

问题。在这些问题解决之前,谁会对中学生上网100个放心呢?人生有几个10年?时光一去就不复返了,如果把大好的年华用来以身试险,甚至是以身试法,那样的未来才是一片黑暗。

中学生朋友们,我们现在所处的是一个人生的变化期,也是一个危险期,对于外界社会充满好奇,对网络充满新鲜,但却无法像成年人一样有选择地正确地面对网络。网络中光怪陆离的世界,是陌生的,也是危险的,有可能行差踏错一步就后悔终生。试问在没有沉迷网络之前,哪一个是存心堕落地去上网呢?不要天真地以为自己的自制力超人一等,过分的自信就是骄傲,等到幡然醒悟,为时已晚。人生永远没有重来的机会,我们所能坚持的就是自律、自强,好好把握自己。水能载舟亦能覆舟,更多摆在我们眼前的事实证明,大多数的中学生为网所覆,不能自拔。

我们所能告诉大家的就是:告别网络,只有把握现在,才能把握未来。我们要向网络说不!

主持人:反方已把所有的底牌抛出,最后请正4来对正方的观点做总结。

正4:反方四辩的慷慨陈词确实让人感慨万千,但这并不足以说明其观点的正确性。这次辩论会中,反方同学犯下若干个错误:

首先,他们在辩论之前就没有真正的认识什么叫做网络,既然连网络都不能正确认识,那么在辩论会上他们就少了一半的发言权。我方的各位同学不厌其烦的向对方辩友解释,网吧只是网络的一部分,并不代表整个网络。同样网络游戏也不可能代表网络的全部内容。这种以点带面的手法是对方辩友在这场辩论会中的惯用手法。

其次,他们也没能认真听取我方的论证,更没有完全理解这次辩论中我方的全部观点。对于网络的阴暗面,这是一个人所共知的事,但这并不是一个没办法解决的事,社会各界都在努力。

第三,对方辩友对中学生的概念在理解上不够深刻。他们把中学生看成单纯的学习机器,除了学习还是学习,学习以外的事全是不合理的,全应该一棍子打死。并且单单从学习这个角度上,他们的认识也是不完整的。他们依然恪守着30年前的一句名言:"学好数理化,走遍天下都不怕。"我真的想劝劝对方辩友，这句话落伍了。现在的社会一日千里，发展得突飞猛进。电子产业更是组成当今社会的重要部分。试想一下，没有网络，这个世界会变成什么样？在这个多元化的社会中，不懂计算机，不会上网，那根本就称不上人才。而当我方提到这个话题的时候，对方辩友就避之而不及，这也是对方辩友的第四个错误：不能正确认识计算机网络与中学生之间发展性的关系。

今天对方辩友在论证一件事，那就是他们是永远也长不大的。他们只生活在今天，只要今天过得好，这就行了，就一切OK了，简直就是现代版的"寒号鸟"，得过且过。

对于网络他们选择的方式是逃避，躲得一天是一天，可如果有一天你避无可避，一定要与电脑网络发生一次亲密接触的时候你怎么办？那个时候才是真正的想后悔也来不及了。作为新一代的中学生，我们要用发展的眼光看世界，只有这样才会更好的把握我们的未来，上网已成为一个时代的要求，已成为生存的手段，这是任何人都无法否认的，不能因为眼前的一点小小的困难就退缩，而应该勇敢地迎上去迎接挑战，开创未来。每一个人都应该学会正确的对待网络，从我做起，从现在做起，打开你的电脑，去描绘你的明天！

主持人：双方辩手的发言到此结束。最后的胜负要看评判团的裁定了。我们给评判团一段时间，在这段时间里请在坐的各位同学对这次辩论会来发表一下自己的看法。（同学发言）

同学1：我支持正方的观点。我觉得中学生还是应该学会上网。就像正方一辩说的那样，上网根本就是一种世界范围的驱势，迟早网络要步入千家万户，我们中学生还应该早早掌握上网这种工具，拓展自己的视野，丰富自己的知识。

同学2：我和刚才这位同学的观点一样。上网是作为21世纪的人所必备的生存手段，不能逃避网络，应该学会正确面对，要知道，没有网络就没有当今这个丰富多彩的社会。

同学3：我上过网，我也去这网吧。网吧真的和反方同学说得一样，哪有人在学习呀？全是聊天和玩游戏的。像反方二辩手说的，有的中学生为了玩游戏一天一夜不回家，那是常有的事。想想都让人觉得可怕。我在家里不能上网，我家里没有电脑，但网吧，我以后真的不想再去了。

同学4：的确，网吧真的不是中学生应该去的地方。那里太乱了。我觉得如果自己家里不能上网的话，还是先不要上网算了。

同学5：我也想说一点自己的看法。我觉得无论是在家上网，还是在网吧上网，关键还是人本身的问题。要看你能不能正确对待上网。环境只是客观的，毛主席在青年时期还在闹市里读书呢。

同学6：我觉得刚刚（同学5）的发方还是对的。电脑就摆在那里，上不上是自己的事，怎么上也是自己的事。当你想玩电脑游戏的时候，就不能先仔细想想？我觉得中学生的自制力也未见就像反方同学说得那样弱。

同学7：我的家里有电脑，也能上网。我上网有时是查查学习资料，有的时候就是为了放松。比如在联众下下象棋什么的。不过我上网的时候都有妈妈陪同。我妈妈和我一起上网，我们互相交流，我觉得有大人陪同，上网是件相当不错的事。

同学8：可是不是每个人都一样。如果去网吧怎么办？我不能让我的妈妈陪我去网吧呀？

同学9：要我看，公安局不如每天派两个警察在网吧守着，不许中学生长时间上网也不许打游戏。（大家乐）

同学10：这是不可能的。我看上网还得看自己，都已经是中学生了，凡事也要三思而后行呀。

同学11：我觉得上网还是有必要。不上就落伍了。就跟不上社会了，但是应该怎么上，我也没想好。如果有游戏摆在面前，谁不想玩一会儿呀？当我听说要召开这次班会，我也去网吧看过，我看到的情形和反方看到的一样，没有哪个中学生上网是为了学习。

同学12：我倒是想到一个解决的办法，应该在网吧门口标上是成人网吧还是中学生网吧。中学生只能进为中学生设立的网吧。然后政府再对中学生的网吧专门成立法律条文来管理。

同学 13：这倒是个好办法。可是现在也行不通呀。还是应该想想现在怎么上网。我既觉得上网是件好事，但又觉得不应该去网吧。可是我家里又没有电脑，其实在我们义县城，能在家上网的同学还是少数。我也很矛盾。

同学 14：如果一定要去网吧上网，还是应该有选择。第一，时间不能太长；第二，对于网站要有选择。要有意地避开游戏网站。像刚才同学 7 说的下下象棋，我觉得无所谓。但如果像反方说的玩"传奇"游戏就太可怕了。

同学 15：就是就是，可千万不能沉迷在游戏里。我认为，在自己不明白或是第一次接触什么事的时候，最好问问老师或家长，这都是有好处的。

同学 16：我也同意，不明白的就应该问一问，至少老师和家长的话都是为我们好，我想沉迷游戏的同学在玩之前，如果问一问老师和家长，那么是不可能无法自拔的。

（同学们纷纷同意）

主持人：好，同学们的发言先告一段落，而且评判团也已有了结果。请评判团入场，请×××同学来发表一下评判团的意见。

（裁判发言）

尊敬的各位领导，老师，同学们，大家好！

作为评委，我首先认为今天的正反双方在表现上都很精彩。能够看得出今天的双方都在事先做了充分的准备，尤其是反方同学，很显然在网吧进行了实地考查。

正因为双方做了充分的准备，今天的辩论也异常激烈。正反双方一直是处于一种胶着状态，谁的理论都很充分，但又谁都说服不了谁。

在第一段的程序辩论中，正方一辩在开篇当中很有气势，能打响第一炮，这很重要，良好的开端就是成功的一半。但是反方也很沉着，其实可以看得出来，今天反方同学一直在努力地化被动为主动。曾经有几次很有力的反问，将主动权握在自己的手中。同时又积极地展开以彼之矛攻彼之盾的战术，尽可能多的在对方的论据中查找漏洞，并以此来巩固己方的战果。比如正方一辩提到春节联欢晚会里宋丹丹的话，反方一辩立刻就用赵本山的话来反驳。这是一种很聪明做法。面对这种情况，正方很沉着，并且丝毫没有被反方的论证打乱自己的阵脚，在正方一、二、三辩三位辩手的发言中，始终能够坚定不移的坚持自己的话题，并且在二辩手和三辩手的发言中，迅速弥补一辩手发言中的破绽，这种快捷的语言组织能力，显示了正方辩手强大的语文功底，如果在赛前没有充分的准备工作，这是很难做到的。

今天给我留下印象尤为深刻的，是自由辩论。我最深切的感受是双方辩手都既机警又幽默，能够迅速找到身边的例子来反驳对方。比如香烟盒上都有吸烟有害健康的话，但却没有人为此而戒烟，再比如引用了美国的9.11事件等。

而正反双方的四辩手在总结陈词时强大的语言攻势，才是他们双方辩手进攻的重磅炸弹，不但维护了己方的观点，又反驳了对方的观点。

纵观整个辩论会，双方的优点在于自始至终能够不偏离主题，更能捍卫自己的观点。反应灵活，才思敏捷，这8个字是我给双方辩手的评语。

但双方又不全都是无懈可击的。比如正方，他们把观点放在未来，并刻意的追求未来，以未来为蓝本。但却没有充分的让大家明白未来如此重要，那我们应该怎么做，说得很泛泛，有的地方一笔带过，这也是反方攻击正方的一个主要火力点。

而反方呢？反方也有一个很明显的错误，就是过分的强调网吧了。这就让正方在这里抓到了痛处。其实反方三辩手在发言中已经对网络犯罪有所提及，但很可惜的是他们没有在这个点上继续展开。

主持人：下面我们请班主任来就这次班会活动总结一下。

班主任总结

听了同学们精彩的辩论，老师感到非常欣慰，同学们确实长大了、成熟了。下面我想谈一谈对这个问题的看法。

首先，我非常赞同反方的一些观点，事实上上网给中学生带来的负面影响，不仅仅是反方同学所谈的荒废学业，玩物丧志和网上犯罪这三个方面，它还有很多负面影响。如由于终日沉溺上网造成的中学生情绪低落、形容憔悴、大脑迟钝，严重的甚至沉沦或有自杀意向，这些都严重阻碍了中学生心理的健康发展。虽说互联网是信息的宝库，给青少年以知识的享受，但同时它也是信息的垃圾场，各种色情、暴力信息充斥其中，严重阻碍了中学生道德意识的完善与发展。去年南昌一名17名中学生猝死网吧一事引发了一轮又一轮对网吧、网络的声讨，让人感觉到网络有种"妖魔化"的倾向，青少年上网是一件非常可怕的事。但是话又说回来，难道青少年在"上网"中出现的问题，都是"网吧惹的祸"？实事求是地讲：网络只是现实生活中的折射，网络本身只是一个载体，一个工具，网络中的所有问题都是现实生活中问题的再现。网络上的不健康的东西难道在现实生活中就不易被发现吗？因此，把中学生在上网中出现的问题仅仅归罪于网络是不公平的，也是于事无补。所以我给同学们提出两点建议。

1. 学会过有选择的生活，大家都过一种模式的时代已经结束了。现在的社会变得越来越让人"眼花缭乱"。诱惑多、陷阱多、选择多、结果也多。在网络中，在当今现实生活中，越来越要求人们学会有选择地生活。要选择，就要学会放弃，要享受，也要学会克制。没学会放弃和克制的人，即使没有"倒"在网络游戏的"屏幕"前，也会"倒"在眼花缭乱的生活中。

2. 不能"因噎废食"。在这一点上，我更赞同正方观点，如今已是网络时代，网络的作用不可估量，网络的发展不可逆转。如果有条件，对中学生来说，上网是正常的，也是必要的。网络在家庭中还没有很普及的今天，网吧对互联网的普及用途不可替代，这一点也是无法否认的。因此，对"上网"出现的问题应该持有一种对待"车祸"的态度：没有人因"车祸"的存在而拒绝乘车，"车祸"只能提醒人们更加注意"交通规则"。所以接下来我们要研究和探讨的问题是"网络规则"有哪些，中学生怎样遵守这些规则。

同学们，21世纪已经到来，网络时代已经到来，面对日新月异的新世界，我们唯有加快自己的步伐，认清自己的位置，提高自己、丰富自己。

在前进的路上,可能有挫折、有困难,在网络的世界中有着数不清的为什么和使人堕落的陷阱。当你迷惑的时候,不要忘了你身边最亲近的人:老师与家长。作为老师,我会用自己的一腔热忱为同学拨云见日、引航指路,愿同学们都能身心健康地成长,都能掌握网络这个开启21世纪之门的钥匙。

"网瘾的危害心理" 主题班会

班会目的

1. 让学生了解常见上网和网瘾的区别。
2. 了解网瘾对人的危害。
3. 讨论网瘾为什么会有成瘾性。
4. 青少年如何学会正确和科学地使用网络。

班会准备

1. 班委讨论如何实施。
2. 购买必备的东西。
3. 教室布置。

班会过程

开场白:

青少年迷失在电脑网络的"虚拟世界"里,这在我们现实生活当中许多地方得以常见，网络游戏，网络交友，网上聊天等的泛滥正在改变、侵蚀着一代人的生活……

各位同学，我想大家对网络和电脑都很熟悉了吧！在座的各位可能都去过网吧吧！那么大家说说看上网是好还是不好呢？

用案例分析来直观展示网瘾的危害。

1. 据最新统计，我国网民超过1亿，其中青少年网民占80%，青少年上网大多以玩游戏和聊天为主，网络成瘾，网络受骗，网络犯罪等问题日益突出。

2. 我国网络成瘾的青少年高达250万人，14~24岁是网瘾最高发的时期，占整个网瘾青少年的90%。

3. 因为上网，全国的青少年犯罪率以每年10%的速度增长。

4. 济南在押的1500名少年犯中，70%是"网瘾"造成的，北京更是有90%的青少年犯罪案与"网瘾"有关。

5. 北京市约有20余万中学生迷恋网络或游戏，平均一次持续玩5小时以上的占72.9%。有65%的人认为上网很容易上瘾，很难控制。

6. 广州市穗港澳青少年研究所一项调查报告显示，10%的中学生有网络成瘾综合征的倾向。

7. 上网的大学生中80%以上访问过色情网站，经常光顾者占12%，网络色情是导致大学生性犯罪的重要原因之一。

8. 2002年浙江大学开除了120名学生，他们大都沉迷于网络不知归路……

9. 有个19岁女大学生，在网吧呆了7天后竟然不认识生父。

10. 一位清秀文静的孩子，因家里不让上网，曾经砍伤过父亲，自杀过6次。

11. 更有位沉迷于网络游戏的13岁少年，面带微笑，双手平伸，双脚交叉地以网络游戏中的飞天姿势从24楼一跃而下自杀身亡……

12. 一名优秀学生，偶然一次光顾了一个色情网站，起初还感到面红耳赤，但却禁不住好奇多次打开那些赤裸裸的画面，最终导致犯强奸罪而被判刑。

八　网络篇

13. 一位女生在与和她聊天达一年之久的一网友见面时被对方强奸；而另一位女生则在与男网友第三次会面时被杀害了……

14. 某大学三年级学生进学校时曾拿了新生入学一等奖学金，但是后来沉迷于电脑游戏，旷课成了习惯，已经有10多门功课不及格，面临退学的危险。

陶宏开教授曾经说："中国千万个青少年的堕落，千万个家长的不幸都是从不健康的网络游戏开始……"

辩论题目

提问：从上面的案例大家认为上网和网瘾有什么区别？

小结：上网要看是干什么，比如说是查资料，找有益的东西，名著啊之类的都可以。而网络就是真像吸毒品一样迷恋其中而不能自拔，甚至发生各种悲剧！

提问：我们应该对游戏下"逐客令"吗？玩游戏就不行吗？

小结：不应该的！现在许多家长都认为玩了游戏就会导致本性或学习下降，也有人会这样，因游戏的吸引力太大了，没有意志的人是无法摆脱游戏的，当你和你掌握游戏时间就可以益脑，有一句话说得好"适度游戏益脑，沉迷游戏伤身"啊！我还是希望大家与游戏隔上一句话："道不同，则不相为谋。"

提问：为什么有人会染上网瘾呢？

小结：因现在的孩子只喜欢玩，提起写作业就烦躁，或学习感到被动所以导致厌学。

华中师范大学特聘教授陶宏开认为，当下造成孩子上网成瘾的原因主要有三个：

1. 家庭中家长和孩子不能顺利沟通。

2. 目前学校只重分数，流行教书不育人的"应试教育"，使孩子进一步迷失理想，厌恶学习。

3. 大量低级媚俗，光怪陆离的文艺作品和电视节目。"这些都使得孩子们更容易沉溺于那些怪异刺激，虚无缥缈的电脑网络游戏中难以自拔。"陶宏开教授指出，"孩子一旦接触网络游戏和网聊，就非常容易着迷。"

提问：迷恋网瘾的人会怎样？

小结：会有孤独症，抑郁症，分裂症，焦虑症等严重症状．性格脾气暴躁，感情淡漠，不和家长讲话。

提问：吸毒者为什么以青少年为多？

小结：1. 青少年多单纯无知，有强烈的好奇心，且从众心理强。

2. 成长过程中会遇到挫折，逆反心理强，精神空虚，更经不起诱惑，在网瘾中求刺激。

3. 盲目追求时髦。

4. 自我控制力弱。

5. 轻信偏言。

提问：那网瘾危害这么大，那我们应该怎样避免或者是摆脱它呢？

小结：

1. 反面堵，正面疏。"堵"就是孩子在戒除网瘾之前最好不要碰电脑，或者严格控制上网时间，开始每天以不超过两小时为宜，然后慢慢减少。网络成瘾后一定要有一个真正的隔离期，这个时间对每个孩子都不一样，有的一个星期有的一个月。要遵循教育规律，不断尝试采用各种办法，耐心地打开他们心中的一个个死结；同时还要借助反面教材，让学生知道网瘾的巨大危害，努力消除他们对网络游戏的好奇心，让他们发自内心的远离网络游戏。"疏"就是要加强正面学习引导，多开展一些健康的文体活动，交流活动，使学生们把精力尽可能多的放到学习、健康的文体活动中来。使他们"无暇顾及网络游戏"，让他们感到"原来除了上网，世界也是如此精彩"。

2. 配合家长做好他们的思想工作，解决几个问题。针对已经有"网瘾"的学生，班主任找其谈话时往往是开门见山，直奔主题——这样是难以奏效的。

3. 联系公安、文化等部门加强对网吧的监管力度，对容许未成年人进入的网吧要加以重罚,通过严格的执法,坚决打击网络犯罪,为青少年提供一个规范、健康、文明的网络社会环境。

4. 转移注意法。在其他活动中寻找快乐,如欣赏一曲优美抒情的音乐,去运动场跑步、打球,读一些轻松愉快、有趣味的书刊,或与朋友逛街,散步,看电影,郊游等等。对于一些因过度上网而产生孤独、忧郁等情绪的学生,应鼓励他们多参加体育锻炼,有助于促进大脑中神经肽物质的释放。

班长代表全班同学提出倡议:

正确科学合理地使用网络,让我们做网络的主人,而不是做网络的奴隶,让它更好地为我们的学习生活服务!

班主任总结

我们的日常生活越来越离不开网络,经过刚才同学们的辩论和游戏可以知道它是一把双刃剑,它给我们带来便利的同时也可能会给我们带来很多负面的影响!追求健康上网,安全上网,创造美好的人生。让每颗星星都散发光彩,让每颗心灵为戒网瘾呐喊,是本次主题班会课最突出的亮点。